U0043170

台灣風土系列⑧

住民的故事

審訂：施志汶
文：馬筱鳳
封面繪圖：余麗婷
內頁繪圖：孫基榮
劉素珍

編者的話

近幾年來，政府積極推動鄉土教育，希望國中、小學學生能對台灣的風土文物有所認識。然而學校老師為了豐富自己鄉土的素養與知識，卻有資料難尋之感。聯經出版公司在出版金鼎獎童書《台灣歷史故事》之後，獲得各界熱烈回響，不時有家長、老師建議繼續開發、延伸此一系列著作。

有鑑於此，聯經出版公司經過資料蒐集與規劃，邀請兒童文學作家執筆，專業的史學、科學教授審校，並由插畫者配上精緻的插圖。於是一篇篇豐富又有趣的台灣風土系列故事，再次呈現在讀者面前。

《台灣風土系列》全套共十冊，包括：《開發的故事》、《民間信仰的故事》、《習俗的故事》、《海洋的故事》、《河流的故事》、《動物的故事》、《植物的故事》、《住民的故事》、《物產的故事》、《山脈的故事》。

本系列以說故事的筆法叙述，以主題事物爲主軸，涵蓋歷史、人文、自然、科學與生活，適合國小中、高年級以上的學生閱讀。相信閱讀過這套叢書之後，人人都能認識台灣風土，並對我們的生活與習慣有更多的了解。

序

馬筱鳳

出生在戰地金門，我是外省人與閩南人的後代，然而常聽父親談起日本人在大陸的暴行，談起大陸家鄉的小麥田和大宅院。移居台灣後，母親選擇了客家人居半的桃園縣的一個眷村落腳；這個以外省人爲主的眷村，原是閩南人和客家人的田園村莊，年少狂飆的歲月，常見到外省仔與台客間，相互謾罵幹架。大學時期唸的是天主教的學校，來往的教師大都是外國神父、修女。結了婚嫁給典型本省人家庭，公公、婆婆都受過日本教育，講著一口流利的日語，偶爾還稱讚著日本嚴格的警察制度和基本教育。進入本土性的報社，讓我開始注意到台灣山地的少數原住民，他們雖是弱勢的族群，卻擁有豐富、精彩的傳統文化。

台灣的住民眞是林林總總、各具姿態，當然，那是因爲從遠古的植物、動物，到後來具獵人本色的老祖先，都曾經當過這兒的主人，然而他們共同生存了幾千年的歷史，卻沒有文字的記載，所以我們只能從挖到的古物，拼湊出史前人們生活的面貌。

爾後由於擅長經商海運的荷蘭人入侵，使得台灣在歷史上獲得前所未有的重視，此段歷史也因此有了較清晰的文字描述和記載；不久，西班牙人占據了台灣北部！這段時間，雖然通商、剝削是外來人據台的主要目的，留下了原住民與外來政權的衝突、交流和相互影響，但他們也爲台灣留下了不少的貢獻。

鄭成功入據台灣不久，隨即被清朝政府打敗。之後，日漸衆多的漢人偷渡到台灣來，逐漸改變台灣原住民的生活，尤其是當時居住在台灣西部的平埔族，他們的游耕狩獵的原始生活方式，不敵漢人的水稻定耕、通商貿易的優勢文化，大受威脅，因此不是遷徙、就是同化，平埔族的千年文化便在這短短的兩百年間，消失匿跡。

至於九族的山地原住民，因爲高居山區而免受其害，還能保存各族的特色、特殊的祭典、不同的歌唱舞蹈、不同的語言和社會組織。然而，終究擋不住現代物質文明的侵襲，當閩南人和客家人大量移入山區，九族傳統文化也逐漸式微。

接著而來的是日本人，統治台灣近五十年，在台灣大規模興建公共建設，並奠下近代工業文明的基礎。

陸陸續續而來的歐美人士，從最早的宗教人士，他們一手宗教、一手醫療，同時引進西式教育，興辦慈善事業、服務人群，直到近年的工商發達，西方商人和東南亞國家的外勞，紛紛投入台灣的就業市場，多多少少帶來了社會問題。

大部分的台灣住民，是來自中國大陸簡樸、務農、經商的閩南人和客家人，但是在不同文化的洗禮下，他們也漸漸展現出新的風貌和特色。

台灣的住民，正是因爲受到不同文化的影響，而顯得多姿多彩，別具一格！這樣的海島文化，必須向外界開放，勇於接受世界各地不同的種族、文化，並且對弱勢文化有更多的包容、了解和支持，對強勢文化有更多的反省和學習，台灣住民才能成爲國際一分子，又不失族群的特色。

目次

史前老祖先

地球古陸塊形成時，台灣這個海島隨著海水深淺，時而露出、時而淹沒。距今約六、七千年前，南島民族坐船來此定居，過著原始狩獵、採集的生活，爾後逐漸發展出定點耕作，並學會煉鐵，進入鐵器時代，這些人成為平埔人的祖先。

•人類起源傳說：洪水時期，地球的一切被淹沒，連天上的月亮、太陽也不例外，只剩五個兄弟姊妹逃過一劫，乘坐木臼漂浮海上。由於天地漆黑，其中一男人被推上天成爲太陽，另一女人被推爲月亮。兩個發光體在白天、黑夜輪流照耀大地。剩下三人往高處去，爲了繁衍下一代，兄妹同房生下魚、蝦、蟹和飛禽走獸，作爲人類的食物。後來他們又生下五種不同顏色的卵

（接下頁）

「哇！天氣好冷。」雪花從天上紛紛飄下，陸地被冰雪封住，連草都長不出來。肚子餓的人類，跟隨著嗅覺靈敏的動物，往溫暖的南方移動。奇怪的是，海邊的海水越來越往後退去，海平面降低，有一個島從南邊的海底冒了出來。「那兒有綠油油的樹木，動物都在那一帶出沒。」獵人們相互報訊，並跟著動物上島！茂密的森林，果然吸引來不少的大象、犀牛、熊和虎，雖然獵人不敢遠離海邊進入森林深處，但是捕獲的獵物，也已經足夠全家人溫飽。

「有鹿！往草原奔去了，我們去抓牠。」三、四個獵人合力去追捕四不像的大鹿，女人帶著孩子，尋找成熟可食的果實，發現野柿的滋味鮮美，容易入口，多摘了幾粒；光著身子的孩子，在樹下撿著腐爛的果實，丟來丟去的玩耍。夜晚來臨，他們爬上樹或躲進岩洞睡

（接上頁）

石，這些石頭蹦出不同色的人種，白石蹦出漢人，紅、綠、黃石蹦出不同種族西洋人，黑石蹦出的卽是台灣原住民。

覺，等天一亮又出外找食物。天氣一天天的變暖和，冰河融化，海水一天天的漲高，獵人知道是回大陸塊的時候了。他們追逐著野獸，向北遷移而去。隨著天候的變化，這些人就這樣來來去去。

至今約二到三萬年前，台東長濱鄉海濱，矗立著一片陡峭的山壁，山壁上有凹凸不一的海蝕洞穴，很適合動物或人棲息。「看哪！那個洞穴正好可以休息過夜，今晚我們不必野宿外頭了。」他們一群人大約有一、二十人，有人帶頭進入洞穴探看，發現是個十分理想的棲身地。

天一亮，男人把鹿骨削尖、磨利，做成抓魚的魚叉，綁在樹枝上；女人則把獸骨磨成細小的骨鉤，用來釣魚。海邊的資源眞不少，除了豐富的魚，岩石上有各種螺貝、海菜可食，再加上偶爾出外打獵，生活過得挺

•台灣原住民屬於南島語族，這個大語族遍布在太平洋及印度洋上，東起南美洲西岸的復活島，西到非洲東岸的馬達加斯加島，北到台灣，南到紐西蘭爲止的廣大地區，包括了台灣、菲律賓、婆羅洲、印尼、馬來西亞、中南半島及太平洋、印度洋等整個區域。這個古民族擅長航海技術，四處遷徙，登陸台灣西部平原的有平埔族；溯河往高山、丘陵地或東部平原的，則成爲高山和海岸原住民。

優閒的。等到天氣變冷，或是潮汐發生變化，海邊的風浪變大，捕魚太危險了，他們才離開洞穴，往四處暫時棲身。

「天氣好像變暖和了！最近海水逐漸升高，我們必須退到島的高處去。」長濱人決定留在島上，過著採集、狩獵的日子。

幾千年過去，至今約七千到五千年前，一群擅長航海的南島民族，陸續從大陸塊南方的沿海地區，坐船航行到這一個島定居下來，他們登陸的地點不同，散居在島上沿海各地，大部分的人把房子建在海邊或河邊的山坡上，可以眺望到外來的船隻，生活所需的取用也較容易。

女人觀察到樹尖抽芽、花苞綻放的時節到了，她向男人說道：「今天的天氣眞好，我們上山種田去吧！」

•過去三百萬年中，地球曾歷經好多次「冰河期」，當時世界上的氣候非常寒冷，陸地都結成冰，海水因此減少，海平面竟然降低了一百多公尺，許多海底的陸塊、島嶼都暴露出來。每當冰河期的時候，台灣和中國大陸就會連成一片陸地，各種野生動物會跑到台灣來覓食，例如大象、水牛、犀牛、老虎、鹿、熊和獵狗等動物。

男人點了點頭，帶著石斧上山，找了一片野林，用斧頭砍出一條小徑，然後放火燒掉雜林野草，火光竄得半天高，火苗劈哩啪啦地響著，男人和女人高聲唱著歌、跳著舞。不久，露出一片光禿禿的地，就是他們的田了。過了幾天，女人到山上種些山芋和山藥，通常她只負責種田，其他的都不管。但往往野獸比她先嚐到收穫的喜悅，因此種了幾次就放棄，再另外選一處燒林、墾地。如果耕種的地點離住的房子太遠，乾脆放棄原來的屋子，另找一處靠田近的地點重新築屋。

女人在男人出外打獵時，學會了做衣裳和陶壺。她想起過冬時天氣寒冷，鹿皮做的冬衣太僵硬，穿起來一點兒也不舒服，靈機一動，她到樹林裡尋找比鹿皮輕暖的樹皮，嘗試了幾種樹皮後，發現一種叫「楮樹」的樹皮，很容易整片的剝下來，而且也比較輕。她把它帶回住處，用木棒用力槌打，打軟的樹皮放進河水漂洗，晾乾後，依照大人、小孩不同的身材，裁製成衣，穿在身上禦寒且輕暖。

之後，女人又到野地採到一種叫「苧麻」的植物，苧麻葉曬乾後可剝出絲狀的纖維。苧麻葉的纖維很長，用途可多了，可以搓成綁東西的繩子，也能結成漁網抓魚。最重要的是，纖維用紡輪紡成麻線，染上植物染料，織成五顏六色的衣裳，很受到大家的讚賞，其他的女人都紛紛來向她學習。

不過，年長的女人對衣裳的興趣不大，她發現溪邊有一些黏性很強的土，將它和泥沙混合搗揉在一起，可以用手搓成條狀，她試著把泥條往上圈繞，竟成了壺的形狀，用來裝水或裝食物都很適合。一個向她學習的婦人，在陶壺、陶罐外，印上繩子的花紋，贏得其他人的

• 許多人把卑南人與卑南族混爲一談，其實卑南人是三、四千年前的史前人，而卑南族是現今仍生活在台東平原的原住民。卑南人在新石器時代晚期，是文化水平頗高的民族，在台東新站發現的「卑南遺址」，挖出了豐富的房屋遺跡和石板棺，這個聚落人口相當多，規模也很大。傳說卑南遺址曾是阿美族的居住地，因爲大洪水和雷擊引發火災，村落才荒廢的。

讚賞。學習做陶壺的人多了，各種造型紛紛出籠。人們於是開始使用陶壺烹煮食物，這對只會利用天然石、骨器的前人來說，可以說是一大進步。

這些懂得農耕，會利用陶器的人們，和長濱那些靠狩獵、採集爲生的人，共同存在了一段很長的時間。後來，後者向前者學習，漸漸地，人們農耕的技巧更爲純熟。距今大約四千年，台東縣境內出現了規模龐大，生活水準超高，且文物豐富的卑南文化。

「呵嘿！呵嘿！我們舂的米又白又香，卑南的男人高大強壯，卑南的女人美麗又勤奮。」兩個缺齒的少女拿著石杵輪流地舂著旱稻，口裡唱著優美動人的歌曲，家中的女主人拿著藤編的籮筐簸米，米殼被風高高的吹起，飄得遠遠的，籮筐裡露出白花花的米粒。這是他們今天晚餐的主食，桌上還會有烤芋頭和樹豆湯。

• 「長濱文化」在台東、屏東、鵝鑾鼻一帶，居住在海邊、洞穴、岩蔭或近海低地隱蔽背風處，以漁獵和採集海岸資源爲食物，一小群人居住一處，留存下石器和骨角器，至今約二、三萬年到五千年之間。

男主人忙著來回搬運河邊的卵石，打算堆砌出新倉庫，爲今年秋天收穫的小米做準備。男孩子赤足爬上檳榔樹採檳榔，當做平日的零食，小女孩追著吃米殼的雞群玩著。同社的鄰人來告訴男主人說：「明天我要爲成年的女兒蓋個新家，你能來幫忙嗎？」男主人義不容辭地答應。

第二天，幾個族人往溪上游溯去，尋找巨大的板岩當石柱，又到森林裡搬來整株樹幹當屋梁，曬乾的稻草鋪成屋頂，地上再墊進石板。這種石板屋冬暖夏涼，氣派又堅固，族人都引以爲傲。新屋和其他的房子整整齊齊的排列，大門一律朝向族人的聖山——都蘭山。新屋落成後，舉行祭拜儀式，找來族中巫師帶來法器，向祖靈祝禱房子，並保佑住進來的家庭。祭典結束，女主人準備豐盛食物感謝大家；大夥兒便吃喝歌舞一番，爲主人慶祝。

不久，女人的父親過世，全家人都回去奔喪，男主人忙著和其他親友到山谷裡搬來又寬又長的大石板，鋪進挖好的洞穴做成石棺，女主人傷心的為父親換上最好的衣裳，穿戴他生前最喜愛的首飾、貴重的玉器，和煮食用的陶器，打獵用的斧頭和矛頭，希望父親死後仍然可以享用。全家人哀傷的哭泣，喪禮十分隆重。

後來可能是發生天災或時疫，卑南文化衰敗，甚至絕跡，只留下埋藏在地底下的文物。

距今約兩千年前，在台灣北部，島上沿海的居民常常航海各地，發現有人使用鐵器，它又堅硬又耐用，且銳利無比，於是他們從海外學會煉鐵的技術，帶回台灣島。他們還發現在淡水河出海口的地區，即八里和福隆之間，蘊藏珍貴的礦砂，於是在海邊建立了二、三十戶

•「大坌坑文化」除了在台北八里大坌坑外，高雄林園、鳳鼻頭，台南歸仁鄉、八甲村等地，都發現了以石鋤、石斧用來燒林墾地種山田的遺跡，另有石器、魚骨用以捕獵野獸。他們依海邊或水邊而居，成為半定居村落，因撈食大量的貝類食物，形成大堆的貝塚，並已會使用陶器烹煮食物。至今約七千到五千年前。

•「繩紋紅陶時期」至今約五千年前，人們開始耕作小米、稻米，漸漸有了集居的聚落。在台灣中南、東北、東部和澎湖，陸續發現各種陶土製成的罐、盆，以及煮食物的圈足豆形器，而這段時間，人們開始往內陸的河谷延伸，不再局限在海邊或河、湖邊。

的村落。村落的房子以竹竿或木板編排而成，屋子高高地架在木樁上，人們進出都必須利用梯子上下，這種高架屋十分適合此地溫暖、潮濕、多雨的氣候，連穀倉、儲藏間和工作間都是相同型式。

七、八個男人乘著竹筏，出河口去挖鐵砂，識水性的人往水中潛去，帶著簡陋的工具，挖掘出一畚箕一畚箕的泥鐵砂，裝滿一、二十個籮筐後運回岸上，海邊則矗立著一座煉爐工作間，有人生火燒炭，有人把含泥的鐵砂倒進煉爐，大火燒紅後槌打，製成各種不同形狀的鐵器，其中最受歡迎的有鐵刀、鐵矛和鐵鋤。

附近族人會拿食物來交換鐵器，後來遠在河內和中南部的人也都慕名而來。他們發現鐵製品比石器和骨器堅硬、銳利，男人狩獵的命中率大增，切割獵物也迅速不費力；女人耕種也變得輕鬆多了。伐木、砍竹、建

•「鐵器時代」至今約二千年前，人們由海外學會製鐵技術，並在八里海邊發現鐵砂，於是他們利用泥土和石塊砌成煉爐，放入海邊撈起的鐵砂，再利用風箱鼓風生火，其高熱使得鐵砂熔化，這時鐵塊尚夾帶大量爐渣，於是從煉爐掏出後，必須不斷地燒紅、鍛打以便去渣，最後打成各種形狀的鐵器，也改變了人類生活的面貌。

屋、造船都大大地節省了時間和力氣，漸漸地，島上的人們開始以鐵器代替使用了幾千年的石器。

十三行的人也和中國沿海的人，交換一些金屬製品、銀鍊子、青銅刀柄、玻璃手環和精細的瓷器。最後，不只是大陸那邊的貨品流通進來，連人民也漸漸遷移過來定居。十三行的人們可能就是北部平埔族凱達格蘭族人的祖先，他們和後來移居台灣的漢人通婚，生下的後代子孫正是千千萬萬的現代台灣人，可能是你、我和生活在各地的人們。

•十三行文化：主要分布在北台灣海岸和台北盆地，而以北縣八里鄉的十三行遺址爲代表。十三行文化的陶器，是以紅褐色夾砂的器皿，質地堅硬且裝飾方格、菱眼、圓圈、刺眞點、平行線等，與後來的凱達格蘭族和噶瑪蘭族使用的陶器很相似。

十三行文化最特別的出土是煉鐵遺跡，說明了當地居民具備煉鐵的能力。

平埔族

曾經廣布在台灣西部各平原的平埔族原住民，在荷蘭人占據前已生活了千年，以游耕狩獵為生，他們有著獨特的生活方式和文化，卻在漢人的優勢文化入侵後，發生極大的變化。

•清朝把台灣畫歸版圖，稱居住在平地或近山的原住民爲土番，而納糧接受歸化的原住民爲熟番、平埔番；日治時期，總督府公布戶口調查，改稱爲高砂族和平埔族，族名正式產生，而帶有歧視色彩的番字才從官方文書中消失。西元一九四三年，日本人的正式統計中，平埔族還有六萬人左右，國民黨政府來台後，平埔族便未列入人口統計資料中。

莿桐花開，烏牛欄社裡處處洋溢著熱鬧歡愉的氣氛，伊凡蓮和妹妹伊拉一早到河邊梳洗，伊凡蓮泡在溪水裡讓全身沖刷潔淨，伊拉摘取無患子的果實用來洗滌衣裳。兩人梳洗完畢，採著溪邊盛開的百合花和月桃花編成美麗的花冠，裸露的上身戴上珠貝項鍊、耳環和臂釧；打扮得漂漂亮亮的姊妹花，立即引來讚嘆的眼光。哥哥阿固力刷洗著家裡最壯碩的兩隻牛，套上稍做裝飾的車身，就是今天最重要的交通工具，爲新春的「遊車」做準備。

阿固力輕輕用鞭子一揮，牛車噹噹作響地向前行去，沿途春樹青翠、百花齊放，大地一片欣欣向榮。陽光輕照在身上，彷彿母親溫柔的手拂過，伊凡蓮心中充滿了感動。伊拉左顧右盼的張望，希望趕快碰上熟人，展現一身華美的裝扮，果然在轉彎處碰上了母親的弟弟，伊拉高聲的叫喊著，引起大夥兒的注目。對車丟來一顆果子，伊拉接個正著，歡喜的把玩著，阿固力也把預備的果子丟到對車，大家嘻鬧玩耍一陣才各自離去。到了鄰社，路邊的人紛紛停下腳步觀看，讚美的聲音此起彼落，姊妹倆得意極了。

春天也是族人播種小米的季節，伊凡蓮的母親準備了酒食，占卜鳥音得到吉兆，舉行了播種祭後，往山麓出發播種去。母親選中了一塊地，全家出動幫忙墾地、除草，接下來都是女人的工作。伊凡蓮和伊拉跟著母親帶著簡陋的小鋤，挖洞播種，一整天彎著腰、低著頭，工作既勞累又辛苦。連續忙碌幾天才種完一年夠吃的食物，小米田的周圍另外種下芋頭、地瓜等，播種告一段落，剩下的就交給老天了。

這一天，伊凡蓮和母親到溪邊梳洗，溪岸另一頭出

•平埔族人每當花紅草綠之時，由未婚男子駕牛車，婦女盛裝打扮，乘坐牛車繞村子遊玩，碰上熟人相互丟果子玩耍，碰上有人停下腳步觀賞，婦女們便感到驕傲，這是平埔族春天的娛樂活動。

•平埔族有敬老習俗，在路上遇到長者，背面站立，等待長者走過後才離開。族中有大事討論時，長者坐在上位，年輕人坐下位，依年齡順序排列位子，而打獵或祭典時，老人有優先享用分食獵物的權利。

現一個年輕、結實的麻達，直盯著她看，伊凡蓮毫不害羞，故意慢條斯理的整理長髮，偷偷的用眼角瞧他，直到母親催促著伊凡蓮回家，她才不捨地離去。

回家路上碰到族裡長老，母親和她趕緊背向馬路，等待長老過去才繼續上路，以表示尊重長者。回到家，伊凡蓮迫不急待地把溪邊麻達的事，告訴正在舂米的伊拉，兩人忍不住哈哈大笑。伊拉興奮的說：「姊，晚上可能有人來唱情歌給妳聽！」可惜當天夜裡突然下起雨，歌聲一直沒有響起，伊凡蓮心裡悵然若失。接連幾天，那個麻達都沒露臉，伊凡蓮忙著家務也忘了。

伊凡蓮的爸爸從社外買鹽回來，另外帶了一些小玩意，有縫衣用的色線、鈴鐺、玻璃珠環，還有一個圓圓的小東西，會發出「滴答！滴答！」的聲響，伊凡蓮一家人興致勃勃地傳看著。正巧哥哥阿固力扛了一隻山豬

•公廨是男子們的集會所，所有年輕未婚的男子長年居住在這裡，長老們決定祭典的日期，舉行祭典，決定社中大事。

•平埔族一直過著四處狩獵的生活，耕作也是移動性的，因此他們依著不同季節出現的野獸移動，或者土地貧瘠了就搬家。他們沒有土地所有權的概念，只有勢力範圍的觀念，所有的土地是公有的。因此荷蘭人入侵台灣時，用了十五疋布就買下了整個台南市區的土地。

回家，得意地說：「你們瞧！我和獵狗跟蹤了很長的時間才逮到牠，眞是一隻又肥又壯的山豬啊！」大家立即轉移了注意力，傾聽著阿固力奮戰山豬的歷險經過。

最後阿固力問起社外的事物，爸爸談起「越來越多的漢人聚在市集，除了賣些奇奇怪怪的東西，也有一群年輕人無事可做，聽說他們準備種些水裡的米，眞是古怪呀！」伊拉不以爲意地說道：「鄰社也有漢人來兜售漂亮的珠鍊、陶壺、鐵罐等，老遠就聽到他們大聲的吆喝，要族人拿鹿皮交換，聽說生意不壞。」阿固力立即興奮的說：「我可以多獵一些鹿來交換漢人的東西。」保守的媽媽卻搖搖頭：「漢人的東西，我們用不著。」

夜裡阿固力照常回公廨居住，伊凡蓮和伊拉則帶著竹籠，到溪裡捉魚，她們撿石頭堵住水流，放網到唯一出口處，等著魚兒自投羅網。等待的時間裡，伊拉唱起

•平埔族年輕未婚的男子稱爲「麻達」，是一群介於兒童和成年男人間的年齡層，他們常年居住在公廨裡，負責抵禦敵人和執行族中祭典大事。同一年齡的麻達，感情親如兄弟，一起狩獵、出草、參與戰爭，成爲一生最親密的朋友。

了歌，伊凡蓮和著，兩人開心地一遍遍地唱著，全然不知上次遇見的那個麻達正向她們靠近。他帶著盛開的野薑花送給伊凡蓮，並自我介紹道：「我叫巴力，想和你交往。」伊凡蓮欣然接受，從此巴力常到伊凡蓮家吹口琴唱歌，他們兩個常到溪邊，在月光下談心，不久就做了夫妻。過了一些日子，他們回家告訴父母，選了一天作爲成婚日。

　　當天伊凡蓮穿戴上最亮麗的耳環、腕環、臂環、琉璃珠串和鮮花頭冠，穿上最好的布裙，巴力看得目瞪口呆，全社的族人帶著布來慶賀，對伊凡蓮的打扮讚賞連連，巴力更是目不轉睛的瞧著他美麗的新娘。媽媽端來小米酒，受到熱烈的歡迎，大家喝著酒，高興地唱歌。伊拉和年輕女孩們跳起了舞，她們圍成兩個圓圈，引吭高歌，互相應答，曼妙的搖晃著身體，讓觀賞的人情不

•平埔族的婚姻有招贅婚、服役婚兩種並行。若女子繼承家業，則男子入贅妻家，一世居住且服役終身。若女子不繼承家業，則男子為岳父母工作三到六年，然後和妻女遷出，可以獲得一牛車穀子、一塊地和其他生活用品，這種婚姻制度往往被漢人男子利用來繼承，或得到平埔族土地的主要方式之一。

自禁地應和著。席中有一個叫阿成的漢人社商，對伊拉心生愛慕，目光從頭到尾沒移開過，不時對著伊拉傻笑。媽媽拿來生蛆的豬肉，這是族人偏好的美食，大家大口大口嚼著，阿成也吃得津津有味，贏得爸爸的歡心，特別找他多喝了好幾杯小米酒。

爸爸和阿固力合蓋了一間竹屋，讓伊凡蓮和巴力住了下來。漢人阿成常來找伊拉，還帶給她一些珠子和花線，他積極的學說族語，慢慢的也能說些簡單的日常對話，爸爸對他毫無戒心，從不干預小倆口的事，但是媽媽總覺得不妥。社裡越來越常見到漢人，他們不時會到山田指指點點，有的更直接到社內的屋子裡東瞧西看，表現得很沒禮貌。族裡的男人商量著要取漢人的首級，但是頭目擔心引來紛爭，不肯答應。

這一天，爸爸從頭目家回來，面帶憂愁的說：「幾

•平埔族人稱結婚爲牽手，女孩到了十五歲，男子十八歲就可以自由交往，男子在女孩家屋外吹口琴、唱歌，女子若喜歡就和男子一起過夜，稱爲牽手。交往一段日子，回家告知父母，決定成婚日，男子送布給女方，邀同社的親友殺豬、喝酒慶祝。現在的閩南人稱自己妻子爲「牽手」，便是平埔族留下的習俗。

天前有人把一隻死狗丟到莫古的田，莫古害怕極了，趕緊放棄了田，沒想到是漢人做的壞事。今天莫古發現田地被漢人占走了，他很生氣地把這件事報告頭目。」媽媽不解的說：「田到處多的是，莫古幹麼生氣？」爸爸忿忿不平道：「不是爲了田，而是那隻死狗，那是一個惡兆，莫古會倒大楣。」

伊凡蓮對漢人開始有了戒心，相反地，伊拉因爲接近阿成，對漢人的事物產生很大的興趣，原本的赤腳穿上了繡花鞋，身上改穿漢人的長衣長裙。沒多久，阿成送來布和伊拉做了牽手，也住進家裡，阿成因爲會說族語，被清朝朝廷任命爲烏牛欄社的通事。他負責處理族人繳稅和差役的事，開始指使全社的男人做這做那，還要幫他抬轎進出各地，有時召集社裡的男人去幫朝廷打仗、修路、挖圳，族人打到野物要分出一半，小米收成了也得繳交，日子變得越來越難過。

然而更嚴重的是，族人的土地被侵占的情形愈來愈嚴重，阿成雖然是族人的女婿，卻老是幫著漢人欺壓族人。有的漢人租了族人的地卻不付租金，長期霸占土地不還；也有漢人用幾斗酒、幾尺布就騙換了大塊土地。田地沒了，女人沒田可耕，男人打獵的鹿場被開墾殆盡，鹿群消失了，生活變得非常困難，更不用說還得繳稅。眼看著族人生活過不下去，頭目召集全族的人到公廨商議，經過多次激烈的爭辯討論，族人興起了遷徙的念頭。

但是要遷到哪裡去呢?沒有人有答案，族中長老勸大家忍耐，等待適當的時機。

•清治時期，通事是傳達官府命令的漢人，卻成了許多漢人犯法的途徑，他們學會平埔族語，知悉平埔族文化，向他們假令催納稅金，有的人娶平埔族女子詐取土地。漢人通事剝削、壓榨平埔族人近二百年，一直到巡撫劉銘傳治理台灣後才廢去惡劣的通事制度。

•荷人據台時期，指定漢人社商爲中間人，向平埔族人要求捕鹿、抽稅。漢人社商繳納包金，按規定督率平埔族人上山捕鹿，所得的鹿可換布。但是社商利用職權，欺侮平埔族人，納女人爲妻妾，驅使平埔男人做差役，犯錯就任意鞭打。

平埔族遷徙

面對眾多的漢人和強勢的漢人文化，人單勢孤的平埔族人為了生存下去，不是選擇被同化，就是往更偏僻的山區或海邊遷移。但是隨著漢人大規模的開墾，平埔族從台灣的主人日漸凋零變成少數民族，甚至面臨滅族絕種的命運。

•平埔族人因漢人侵占土地，除了發動大大小小的武裝反抗外，也被迫遷徙到人煙稀少的深山或偏僻貧瘠的海濱地帶，其中包括四次的大遷移，其規模大且路途遙遠，西元一八〇四年第一次民族大遷徙，是由中部平埔族集體移向噶瑪蘭（宜蘭），因漢人已早一步入墾而失敗。

烏牛欄社族人生活貧困，鄰社的岸裡、阿束、羅東溪等社也遭到同樣遭遇。後來，改姓漢名的岸裡社頭目潘賢文，犯了漢人的法令，害怕被抓去坐牢，於是在嘉慶十五年（西元一八一〇年），號召了中部多個平埔族社，集體往噶瑪蘭（宜蘭）遷徙。阿固力和爸爸、媽媽也加入了這次的行動，伊凡蓮因懷孕即將分娩，無法長途跋涉，和巴力留了下來，而不知情的伊拉和阿成也留在社裡。除了少數人因故無法遷徙外，大多數的族人都參加了這次的行動。

伊凡蓮幫著父母準備沿途吃的食物，把家中養的豬殺了，收成了田裡的芋頭，牛則送給留下來的族人。她一邊打包行李，一邊想著：「這次的遷徙要翻山越嶺，涉溪渡水，走上幾天幾夜的路，還要紮營在野外過夜，若碰上野獸，或是生了病，不知有多少族人撐得到目

•早期平埔族人分布在台灣西部的平原，北部有噶瑪蘭族、凱達格蘭族，中部有巴布薩族、拍瀑拉族、道卡斯族、巴宰海族和洪雅族，南部則有西拉雅族，共有十個族群。

的地？」伊凡蓮不覺露出憂傷的臉色，媽媽察覺後拍了拍她的肩說：「妳別太擔心，祖靈會照顧族人的，等妳生下孩子，再帶著家人一起來。」

出發當天天未明，烏牛欄社的人扶老攜幼浩浩蕩蕩出發了，伊凡蓮目送家人和族人向北方漸行漸遠，終於消失在山的另一頭，她忍不住流下了淚，嗚咽地哭了起來。巴力愣愣地呆望遠方，忽然悲憤地長嘯了一聲，嘯音在山谷中迴盪，久久不散……。

留下來的人，日子過得更苦了，巴力常年累月有公差，有一次甚至摔落山溝，差一點就送了命，幸虧伊凡蓮細心地照顧受傷的巴力，到山裡採來草藥料理傷口，整整拖了半年才終於痊癒。伊凡蓮一邊得照顧剛生下的女兒，還要下田耕種，忙得焦頭爛額卻常餓肚子，若不是伊拉常常帶食物來接濟，伊凡蓮一家人眞會餓死。但

•平埔族無曆誌，以花開爲一年的開始，莿桐樹是平埔族人喜愛的樹，經常種植在部落的周圍，成爲北部平埔族的代表樹種。

是巴力對阿成懷恨在心，不願吃他們帶來的食物，常咒罵來訪的伊拉，弄得伊凡蓮左右爲難，她只盼望父母趕緊傳來好消息。

莿桐花又開了兩次，一天，屋外出現一個滿身襤褸、蓬頭垢面的男子，巴力仔細一看驚叫道：「是阿固力嗎？你怎麼回來了？快進屋裡來。」阿固力喝了一口水，狼吞虎嚥地吃下一塊芋頭，淒然地說道：「我們費盡千辛萬苦的到達噶瑪蘭，從山頂往下望去，眼前是一大片平地。原本以爲從此能安居樂業，到了平原才發現，漢人已經早一步前去開墾。那裡的泉州人和漳州人鬥得很凶，我們住下沒多久就碰上兩邊戰爭，我們夾在其中，被打得死傷無數，爸爸在作戰時受傷，因病情太重死去，媽媽傷心過度，在返回故里的途中也死了。」

伊凡蓮聽到噩耗嚎咷大哭，巴力和阿固力也忍不住啜

・平埔族人在春天時架起鞦韆，孩子們在鞦韆上搖盪，祈求祖靈賜福，同時也是一種娛樂消遣。

泣，女兒看到父母傷心落淚，哇哇大哭起來，頃刻之間，屋內瀰漫著哀傷，哭聲四起。族人都遭受同一失敗的命運，僥倖回來的人眼看故地被漢人占走，想著未來盡是一片灰黯，整個社陷入哀痛的深淵……。

遷徙失敗後，阿固力索性上山捕鹿，經年累月不下山，爲的是逃離被阿成霸占的家，逃離漢人貪婪、殘酷的世界。即使他短暫的出現在社裡，也總是喝得醉醺醺，過去那種英姿勃發的神情消失了，就算是清醒的時候，也顯得落落寡歡、意志消沈。伊凡蓮不忍心看著兄長日漸委靡，常要巴力陪他上山，乘機開導。但是巴力自己也很鬱卒，反而變成和阿固力同一個樣子。

又是春暖花開時節，然而社內沒人有心思去遊車，倒是孩子們天真無邪的照常盪起鞦韆，又笑又叫，一點也不知生活的苦楚，鞦韆盪得半天高，原本是族人向祖

•平埔族第二次遷移是西元一八〇九年，中部平埔族向埔里盆地移民，十四個族社的人扶老攜幼，翻山越嶺，終於到達埔里，這次的規模是最大的。第三次、第四次是在一八二九年及一八四〇年，南部平埔族和噶瑪蘭族移民東部。

靈祈求賜福的象徵，但是伊凡蓮卻感受不到祖先的善意，心中不免觸景傷情。

一天，阿固力與高采烈的出現在頭目家，兩人熱烈的討論著，不久頭目宣布聚集所有族人要商量大事。伊凡蓮一家人全到了，久不見活力的頭目聲音宏亮的說：「阿固力上山捕鹿碰到思貓社族人，他們聽說我們淒慘的處境，告知我們埔裡（埔里）的蛤美蘭社族親，因爲被漢人侵入族地，殺了他們大半的人，後來漢人被趕跑了，但是住在北方的刺青眉社人很兇狠，常常來欺侮他們，蛤美蘭的頭目想邀我們去一同開墾。」頭目的話引起一陣騷動，族人議論紛紛，向來溫和、沈默的巴力站了出來，神情奕奕地說：「留在這裡，生活只會越來越苦，靠著漢人的臉色過日子，我們都受夠了，離開這兒去投靠族親就不必碰上漢人，想想能回到以前的日子，

•北、中、南平埔族各有不同語言、文化，但是有一共通點，即各族都有祖靈祭，他們相信人死後，靈魂不會消失，會與其他祖先聚集一起，在冥冥之中照顧子孫。活著的人，一生的福禍都受到祖靈的支配，祖靈會視子孫的表現降下災難或賜予幸福，因此每年的祖靈祭，除了感謝，也祈求賜福。

該是多好的事。」受到鼓舞的阿固力也站出來說：「蛤美蘭族的族親非常熱情的邀請，甚至願意分地給我們呢！」聽到這些話，族人有人欣喜若狂，有人感動得落淚，伊凡蓮心中燃起新希望。

另一次大遷徙即將展開，伊凡蓮默默向天祝禱：「祖靈啊！千萬要保佑我們平安度過，到了新家一定會大肆慶祝。」

阿固力恢復了活力，常跑到幾個鄰社去聯絡，終於敲定有十四個社願意跟隨，這一次的遷徙是平埔族最大規模的遷移行動。阿成雖知情但也莫可奈何，只有眼睜睜看他們離去。

道光三年（西元一八二三年），烏牛欄社全社族人義無反顧地離開故居，大步向埔裡前進，先往南走到烏溪，溯溪往上游走，踩著溪畔的石塊上上下下，族人男

•「尪姨」是平埔族人的女巫，平時負責治病去邪，祭典時是重要的人物，引導祭典的進行。祖靈祭時，能代表祖靈向族人詢問社中大事。

男男女女、老老少少沈默地走著。溪旁樹林裡傳來高高低低的鳥叫聲，尪姨說：「這是吉兆，是祖靈和我們在一起的象徵，大家要努力啊！」她的話帶來鼓舞的作用，伊凡蓮自然地唱起了歌，族人也附和著，山谷傳出悠揚的歌聲，娓娓敘述著烏牛欄社遷徙的心聲。

沿途溪水越往上游水流越湍急，溪道變窄，岩石變大，步行也越費力。伊凡蓮雖然懷著身孕，牽著女兒步履蹣跚，但她一點也不以爲苦，更何況巴力還不時來打氣，夜裡，十多社的族人在溪畔紮營，女人們準備食物，男人生起營火並打些野物來烤食，亮晃晃的火光把烏黑的夜照得如白晝一般，連天上的星星都爲之失色。

翻過山嶺走了數天，大家雖然疲憊卻精神奕奕，終於到達了埔裡。從山頭望去，埔裡四周被山包圍，溪流貫穿其中，遠處湖光閃爍，彷若寶石，族人歡呼高叫：

•早在乾隆五十二年（西元一七八七年），福建漳州人吳沙便率領衆人開墾宜蘭，因此中部平埔族的第一次長途遷移是在其後。後來，碰上泉、漳人械鬥，平埔族人加入泉州人抵抗漳州人失敗，戰爭延續近一年，三方人馬都死傷慘重。

「眞是個好地方！」大家高興得相擁而泣，口中唸唸有詞地感謝祖靈的庇佑。

到了埔裡，受到蛤美蘭族親熱情的歡迎，各族的頭目與蛤美蘭的頭目訂下合約，每一族平均分得一塊地，大家抓鬮（抽籤）決定，十分公平，烏牛欄社得到西邊近溪的好地點，族人歡歡喜喜的前去開墾。墾地種田的第一年收穫祭，烏牛欄的族人舉行盛大的「豐年祭」。

各戶把收成的芋頭，打獵所得的鹿、羌、野豬，甚至平地人的頭顱，陳列在公廨的廣場前。天黑後，由頭目穿上香蕉葉，頭戴圓子花圈，在尪姨引領下向天祭拜，獻上祭物，這時族中的少女和尪姨唱起歌，感謝祖靈的庇護。祭禮完畢，所有族人歡樂地唱歌、跳舞，通宵達旦，伊凡蓮背著嬰兒忙進忙出，一張嘴笑得合不攏，她開心的唸著：「我們終於有了新家，這裡沒有漢

•平埔族人接觸漢人愈來愈頻繁，不但服飾開始摹仿漢人，漸漸地，語言也被同化。在清朝期間，朝廷賜姓給岸里社頭目墩仔，認爲番人開始學習耕種水田，有米、有田故改姓爲潘。平埔族人紛紛改姓潘，爾後朝廷賜姓漸多，並沿用漢人的姓，如巫、文、朱、穆、來、印等，漸漸地，平埔族人失去族姓，同化成爲漢人的腳步更快了。

人，我們不必再擔心受怕了。」

女兒在田邊野地摘著野花，烏牛欄社在新的地方築社落了根。

來自中部十四社的平埔族陸續進入埔裡，仗著人多勢衆，不顧先前的約定，壓迫、殺害原來居住的埔社和北方屬泰雅族的眉社，逼得他們逃入深山，幾乎滅絕。

然而平埔族人也逃不開命運的捉弄。六、七十年後，化名爲平埔名培奕的泉州人鄭勒先，獲得族人的信任，開始做起買賣生意，不久建立了埔里街，後來越來越多的漢人遷入。西元一八七五年，清政府解除漢人移入埔里的禁令，因此漢人蜂擁而至，平埔族人又開始受到欺騙、壓迫，漢人優勢的文化快速同化了平埔族人，至今埔里的純種平埔族人幾乎已經絕種，而漢人中則大半流著平埔族的血統。

荷蘭人及西班牙人

西元一六二四年，荷蘭人占領台灣，統治了三十八年，西班牙人則占據北部十六年。他們的出現，使得台灣開始有了完整的歷史記載，凸顯出台灣的重要性。但荷、西人據台是以商業為目的，只把台灣當做對外的貨物轉運站和牟利的地方。

> •荷蘭人占據台灣南部後，派天主教宣教師甘狄斯在新港做教化工作，宣揚基督教義。隨後傳教士並創設學校，教育平埔族男女幼童，使得新港平埔族有半數左右就學，學生數最多時達六百人，許多人能以羅馬文字書寫平埔語，這種文字延續使用了一百多年。到了荷蘭統治末期，被教化的地方以台南爲中心，北到嘉義、彰化縣，南到屏東下淡水溪平原和恆春地方，受洗者高達五千人。

西元一六二四年，在台南海邊一帶的大員社內，赤身裸體的拉力高呼著：「一艘像大樹一般大的船來了！還帶來一大群紅頭髮的人，大家快到海口去看。」大員社頓時騷動起來，男人們紛紛往海口奔去，果然看到好多艘大船停靠碼頭，一些穿戴整齊，白皮膚、紅頭髮的男人走下船，他們戴著高高的帽子，穿著全身密不透風的衣裳，肩後還背著槍，模樣怪極了。大員社的頭目走上前去，紅毛人當中帶頭的宋克（Martinus Sonck）長官，立即拿出一套衣服送給他，並分送一疋布給其他人，頭目好奇地露出笑容，接受了禮物，並邀請他到社裡參觀。

他們一行人走到大員社，頭目帶他到家裡作客，宋克仔細的觀察著平埔人的生活。房屋離地五、六尺，竹屋周圍種了檳榔或椰子樹，環境和屋子外觀頗美，進入

•荷蘭人占據台灣的三十八年期間，每年大量出口本島的農產品和畜品，其中鹿皮和砂糖大量出口到日本賺取巨利，每年利用平埔族捕獲的鹿隻不下十萬隻，甚至高達二十萬隻。後來鹿群愈來愈少，下降爲每年七萬、五萬等。曾有荷蘭人建議每兩年休息一年，然而成千上萬的鹿群因墾地增加、獵捕嚴重，竟從野外絕跡，從此不再看到野生的梅花鹿、水鹿等。

屋子後，發現屋內空無一物，沒有任何家具，卻有幾顆人的頭骨。宋克雖然事先看過台灣風俗報告，仍然嚇得臉色鐵青。這時頭目拿出了檳榔請客，態度十分友善。

宋克透過會說土語的漢人要求去社外看看，頭目欣然答應。他們走到社外不遠處，宋克立即指著一塊平坦地點，表示想買來蓋房屋住下來，頭目認爲土地是人共同所有，蓋房子住是十分自然的事，毫不考慮就答應了。喜出望外的宋克立即多送頭目五十疋布。

好奇的拉力，每天都到紅毛人蓋屋子的地點看他們工作，紅毛人當中夾雜了一些黑人，他們腳上還拷著鐵鍊，都做些最粗重的搬運石頭的工作，不時還被紅毛人鞭打。另外，還有一個人蓋了一個泥窯來燒瓦，一塊塊赤紅色的磚頭被搬出來，疊成高大的牆壁，看起來很壯觀。

• 荷蘭當時是世界上手工業和商業發達的國家，而東印度公司專管台灣的經營和統治。東印度公司利用台灣獨占海上貿易，並壓榨漢人佃農，漢人必須繳什一稅和人頭稅，而地主們用高利貸的方式貸款給佃農，讓他們購買耕牛、農具和種子等。因此漢人對荷蘭人的壓榨忍無可忍，會爆發郭懷一反抗事件，但很快就被鎮壓。

到大員社賣米、鹽的漢人，對那些紅毛人沒什麼好感，生怕他們會來搶生意，於是到頭目家說：「紅毛人不是朋友，他們會像對黑鬼一般對待你們，要你們幫他們做工，如果發生戰爭，他們人數多，一定能贏得勝利。」頭目突然很生氣地說：「我們才不怕他們人多，族人個個都是勇士，即使發生戰爭我們也不怕。」漢人開始在各處談論這個話題，大員社的族人變得對紅毛人起了疑心。

荷蘭人計畫在台灣設立貿易站，他們從世界各地買來貨品，轉賣給中國或日本，也從這一帶買貨品運銷各地，台灣成爲一個中繼站。宋克是荷蘭東印度公司派來完成這項任務的人，他並不是沒有注意到大員社人態度的變化，但因急著擴展公司的勢力，只好先擱置這件事。他帶著大隊士兵和擔任翻譯的漢人，馬不停蹄的四

•鴉片戰爭（西元一八四〇年）以後，台灣成爲外國探險家的新天堂，英國駐香港海軍提督西摩，派遣一艘不屈號艦赴台，船上載了開啓台灣自然科學大門的史溫侯，他旅行南、北兩地，廣泛蒐集、探查，成爲台灣鳥類昆蟲及動物學等的奠基者，爾後的英國領事必麒麟、英人拉圖許，都曾經探險山地與原住民接觸，廣泛蒐集動物標本等，留下早期台灣自然人文的珍貴資料和研究。

處拜訪各地的頭目，贈送每一個友善的頭目一套衣服，其他人布一疋，他們大都表示滿意，並願意遵守約定，服從荷蘭人，獻出所屬的土地。

然而大員社人趁著宋克外出的機會，由拉力和幾名勇士射殺了三名監督城堡工程的紅毛士兵，事發後，宋克十分震怒，他立刻派兵加強戒備，保衛城堡的安全，另一方面聚集士兵進攻大員社。他們以強大的火力占盡優勢，射死四個、傷了八個大員社人，其他的人驚慌逃散，竹屋和茅草房被放火焚燒，一時間族人哭喊聲震天。頭目感到紅毛人的強大，十分後悔讓勇士魯莽出征，引來災難。他立刻和族中長老帶著三隻豬向宋克投降，宋克笑容滿面的接受，並好言相勸，要大員社獻出社址，於是頭目回到社裡向族人宣布往東遷移。

荷蘭人築好奧倫治城（後來改稱熱蘭遮城），又以

•荷蘭時期，台灣的土地所有權都屬於荷蘭國王所有，特許交給東印度公司，公司再租借給漢人農民，這些農田被稱爲「王田」。平埔族雖忠誠於荷蘭人，但不善農耕，農業生產都靠漢人擔任，開拓的地區東到台南縣新化鎮，北到雲林縣北港鎮，南到高雄縣岡山鎮，以生產米、糖爲大宗。

十五疋布向新港社買下赤崁，開始建起普羅民遮街（或稱赤崁街）。宋克發現新港人不擅長耕作，田裡的事都是女人在做，男人除了打掃家裡周圍，整天都無所事事，根本不想明天有沒有飯吃的問題；相反地，人數較少的漢人卻很努力，耕作的技術也比較進步。他苦思著要如何利用這大片的荒地，最後想出了讓大陸漢民移民過來，幫助開發的主意，並向熱蘭遮城的總督報告，徵求他的意見和同意。

一船一船的漢人男人夾在大批的貨船之間，從海口上岸，東印度公司的荷蘭人安排他們住到臨時搭建的草寮。剛下船的添丁，還感到頭昏眼花的，放眼望去，一片綠油油的荒地，樹木茂密，不一會兒雨嘩啦啦的下著，添丁心想：「這眞是個肥沃的地方，滿山遍野看不到黃土，人口也少，只要好好努力，一定可以不愁溫

•荷蘭人開拓台南、嘉義一帶，雖然已經過了三百多年，但仍有不少遺跡留到今日。台南市的安平古堡和赤崁樓，有殘存的普羅民遮城和熱蘭遮城遺跡，也有飲水井稱為紅毛井、鬼井；農田灌溉用的水埤叫紅毛埤、三腳埤，成為今日烏山頭珊瑚潭水庫的建築基礎。

飽，說不定還可以存點錢，衣錦榮歸故鄉。」正在做白日夢的添丁被同鄉人叫醒：「走啦，去領農具和錢。」添丁跟著大家走進紅毛人的城堡，好奇的他看著高大的城堡，驚訝得目瞪口呆，排隊領了貸款和犁頭、鋤頭、鐮刀等工具。

荷蘭人帶他們到一塊燒墾過的地，指著地說了一段話。添丁問旁人才知道，這是紅毛人的地，交給漢人耕種甘蔗，甘蔗收成後，紅毛人會來收購，價錢由他們定，年底還要繳各種稅，還得還貸款。添丁聽到這番話，發覺自己受騙了，先前的美夢都碎了。但是前仆後繼的漢人陸續到來，他們在熱蘭遮城外建立了唯一的漢人市鎮叫大員。

這一天，台灣長官帶來一個穿黑衣的人介紹給新港社的頭目，他慎重的表情讓社人了解到：「他是一個

•荷蘭傳教士看見平埔族人僅用一把小刀和石斧耕田，便從印度引進一百二十一頭黃牛，幫助耕種，改善了人們的物質生活。這些黃牛有些天性兇猛，被野放到曠野，後來增加爲四百多頭，並在野地繁殖成了野牛。

•荷蘭人同時也引進了荷蘭豆（豌豆）、甘藍菜、番茄、芒果，甚至連馬、豬也被引進，對台灣居民的物質生活有著實質上的改善。

重要的人物。」這位名叫甘狄斯的傳教士起先住在頭目家中，他常常到其他社人家裡拜訪，幫助社內貧病的人，並勸人要相信唯一的眞神耶穌，講了一些神跡的故事，感動了不少社人，於是社人開始著手蓋教堂，參加聚會的人越來越多，他們逐漸放棄了拜祖靈的傳統儀式，也減少獵人頭的行爲。

甘狄斯的傳道工作很順利，他向台灣長官要求增加一些幫手，幾位傳教士陸續到來，甘狄斯開始往外地發展，並要求教會辦理學校，教導社人讀寫荷蘭文，並試著以羅馬字拼寫新港語。有些傳教士愛上頭目的女兒，甘狄斯鼓勵他們在教會舉行正式婚禮。後來，各社反抗的情形越來越少，信仰耶穌接受洗禮的人更多，對文明十分陌生的原住民牙牙學語，背起荷蘭祈禱文，一字一音的學起羅馬文字。

• 北部平埔族歸順外來政權只是表面，他們常常偷襲駐守的西班牙士兵和天主教神父，燒燬教堂，迫使西班牙神父只敢在夜間傳教，相傳受洗者約千人。但西班牙人在北部的主要活動，大都是利用漢人來採礦，並與中國大陸和菲律賓進行貿易，隨著他們被荷蘭人打敗，教化工作也停止。

西元一六二六年，西班牙人占領雞籠一帶，他們把最初登陸的地點稱做聖地牙哥，漢人翻譯爲三貂角或三貂嶺等，一群西班牙士兵在社寮島築起薩爾瓦多城，作爲統治中心。

西班牙兵翻山越嶺，走進更偏僻的深山，遇上兇悍的凱達格蘭平埔族人，他們在窄道偷襲西班牙兵，射殺了幾名士兵，但也付出了慘痛的代價，最後有幾個社選擇了歸順。後來，西班牙人又在滬尾（淡水）建立一座聖多明哥城，但是他們只忙著做中國和菲律賓之間的貿易，並不想在台灣長治久安，而找來的天主教傳道士，到各社傳教時常常遭到殺害，即使有士兵保護，傳道士也只敢在夜間傳道，但效果有限。他們曾經遠到淡水河、基隆河、新店溪一帶傳教，不過當他們一離開，一切又恢復了原狀。

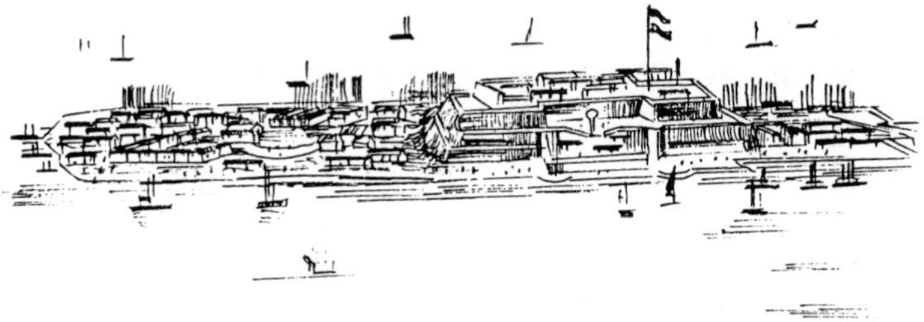

西班牙占領基隆十六年，荷蘭人趁著他們發生瘟疫、軍隊士氣低落時攻占基隆，後來荷蘭人也被鄭成功打敗。荷蘭士兵和傳教士、教師及眷屬們離開安平時，附近的一些族社對他們仍十分不友善，甚至連歸順的新港社人也冷眼旁觀，而漢人則是歡天喜地的等待國姓爺的到來。

•西班牙在台灣的士兵最多時有五百名，僅和附近八個平埔族部落和好，而其中僅有基武里及三貂角較友善，其他六村仍不時有偷襲事件發生。

泰雅族和賽夏族

廣布在台灣山區的高山原住民，生活了千年，過著狩獵、游耕的日子，北部山區有以刺青、剽悍著稱的泰雅族，和以特殊「矮靈祭」聞名的賽夏族，兩族既敵對又相互影響，卻各自擁有獨特的文化。

一條蜿蜒曲折的河流，往上游溯去，在青青鬱鬱的山頭下，在河谷的山坡地上，泰雅部落散布在野林之間，族人善用溪谷四周的自然景物，茅屋由樹皮和粗木板架構組合，再用藤綑綁編成；屋頂則蓋著棕櫚枝葉，他們在屋子門口種了香蕉樹，茂密的樹林中藏著草屋，外人是不容易發現的。

雅韻背著織布機織著衣裳，再過幾天她就要成年了，可以在臉上刺青，受到族裡年輕人的注目和追求，想到這點她不禁牽動了嘴角，心中充滿了喜悅和驕傲。雅雅（母親）娃那忙著張羅禮物，要送給懂得刺青技術的老婆婆，雅爸（父親）依許同親友建了一間沒窗的小屋，那兒是刺青婆婆動手術的地方。蓋好了小屋，依許帶著禮物，走上兩天的路，去鄰社邀請老婆婆來家中，爲女兒完成她的人生大事。

•泰雅族保留刺青的習俗，尤其是在臉上刺出花紋，就是所謂的黥面。男女的樣式不同，男子一般刺在前額中央及下頷，女子除了這些地方外，還有兩頰的刺花，形成V形線條。男子黥面是爲了誇耀他的狩獵和獵人頭的武功彪炳，女子則是出於美感要求，而且只有織布技巧成熟、完美的女性才有資格黥面。兩者皆必須成年時才能黥面。

在暗無天日的小屋裡，老婆婆把帶來的玉米粉和煤灰塗在針上，一針針的刺入雅韻的臉，鮮血立即湧出，雅韻含著淚，忍著錐心的痛楚，口咬著木棒，沒發出任何哀叫。

手術後的傷口劇烈腫痛，雅韻還不斷的發燒。痛苦煎熬了十多天，雅韻喝下婆婆帶來的苦澀藥草，在娃那細心的照顧下，漸漸地，雅韻的臉部消腫了，也恢復進食，娃那安慰的說：「再過幾天你完全好了，就可以回家休息了。」堅強的雅韻搖搖頭說：「不行！我要趕緊把衣裙釘綴珠貝，完成那件美麗的裙子。」娃那欣慰的說：「是啊！那件衣裳留下來正好能當你嫁人的聘禮。」雅韻想起穿戴華麗的姊姊，躲起來等待強壯的勇士來搶婚，而哭哭啼啼被背走的情景，心中不禁有些難受，然而念頭一轉，刺青後將會有不少的青年來提親，雅韻心中不禁暗自得意。

弟弟羅幸平時跟著依許在家編藤、捉魚，製作食器、器皿和狩獵用的工具，雅韻跟著娃那上山耕作，種些小米、甘蔗和菸草。這一天，依許對已看過十三次花開的羅幸說：「你不小了，該是拔齒的時候。」依許把痲線兩端結在小木棒上，然後將痲線纏繞在門牙旁的牙齒，用力一拉，牙齒就脫落下來了。族人不論男女，都會拔齒以示美觀，羅幸得意揚揚的四處誇耀自己的美齒呢！

拔過牙齒後，羅幸可以和依許上山打獵了。但是恰巧碰上秋收的大日子，娃那前一天就洗浴乾淨，半夜到田間摘下幾束米穗，舉行穀神祭，告知祖靈第二天要開始收割。翌日，全家人出動幫忙娃那收割小米，把一束束的米穗抬回家中，等曝曬過後才收進穀倉，收割之後

•北部及中部原住民有缺齒風俗，包括泰雅、賽夏、布農及鄒族，男女須在青春期前（即十二、十三歲到十五、十六歲）拔齒，南部諸族則沒有此項習俗，但有嚼檳榔把牙齒染成烏黑，以此爲美的風俗。

• 泰雅族的社會群體中，gaga是一個儀式團體，尊崇魯特斯（rutux）爲宇宙的主宰，同屬一個gaga的人，在特定時間共同參加狩獵，共同遵守主要穀物的種植規則。gaga中的人互相幫助開墾、播種、除草、收割、築屋及特殊事件。

同樣地，如果其中一人犯了禁忌，其他的人也會蒙受害處，有人犯禁，必須殺豬分食給gaga其他人，原則上成員可以自由加入或退出這個團體。

就是舉行報謝祖先庇佑的「祖靈祭」。

祖靈祭是泰雅族人重要的祭典，娃那和雅韻忙著做糯米糰和釀小米酒，依許和羅幸殺了家裡養的豬，開腸剖肚之後，用熱水煮熟。同一祭祀團體的族人，把祭品放到依許家，由身爲團體領袖的依許帶著大家舉行儀式，依許走向戶外大聲地呼喚：「可敬的祖靈，感謝你們一年的照顧，讓我們順利的收割，請來接受我們的款待。」儀式結束後，大家開開心心的聚在一起，享受一年來辛勞的代價，大肆地吃喝歌舞。

娃那最擅長唱歌，她即興朗誦道：「好一個山明水秀的地方，感謝陽光和雨水的恩賜，祖先們的保佑，族人今天才能團聚一堂，歡歡樂樂的歌唱，盡情的享用豐盛的食物。」她的吟唱獲得其他人的應和，族人開始跟著她的旋律輪唱著，美妙的聲音迴盪著整個部落。

•泰雅族人口約有八萬六千人，廣布於濁水溪、北溪、大甲溪、大安溪、後龍溪、大嵙崁溪、蘭陽溪、大濁水溪、大基利溪等各溪流之本溪及其支流流域，沿溪水的中、上游河谷山坡地居住。他們分布在南投至花蓮以北的山區，泰雅族分爲兩個亞族群，北爲泰雅亞族，南爲賽德克亞族。

祖靈祭後是羅幸期盼的狩獵時節，依許帶著獵犬和羅幸上山，準備把自己在山裡學到的本領，教給孩子。上山打獵的日子必須由鶺鴒鳥鳴飛的姿勢來決定，黎明時刻，雞剛報曉，他們走到森林入口，等待鳥兒的出現，果然見到嬌小、栗褐色的鶺鴒由路中央向右飛去，一邊飛一邊鳴叫著，依許沈靜的開口說：「這是好兆頭，我們出發吧！」

大家沿著山谷往山裡行進，一路上，依許背著弓箭和長矛沈默的走著，羅幸雖然有滿腔的疑問，但是他不敢開口說話，怕觸犯禁忌，他忍不住好奇地東張西望，看著秋天的樹林，樹葉變得枯黃，芒草抽出暗紅的花穗，聽著各種高低不同的鳥鳴蟲叫。走到森林中心，依許不停的摘下樹葉嗅聞著氣味，時而佇立聆聽動物和鳥叫聲；有時蹲在芒草叢下仔細的觀察，搜尋野獸的路

徑，或者翻開地上的落葉，審視著動物留下的排遺，終於他開口說話了：「這就是野豬的大便，你低下頭用鼻子用力吸幾下，牢牢記住它的味道。」接著他發現一棵半枯的樹木，敏捷的攀爬上樹，果然發現飛鼠的巢穴，在飛鼠來回的路徑上，用樹枝結成活結陷阱。

天一暗，依許動作迅速地用獵刀砍樹枝，一會兒就在森林的隱避處搭建好簡單的木寮。躺在草葉鋪成的床上，羅幸努力的記下雅爸今天做的每一件事，和他說的每一句話，心中想著：「我要趕快學會所有的狩獵技巧，和雅爸一樣成爲出色的獵人，若能獵到深山最兇猛的黑熊、雲豹，就能成爲勇士，成年後獵到敵人人頭，放進獵首屋誇耀，到時候就能成爲英雄，那將是泰雅男人最高的榮譽啊！」

就在離泰雅族不遠的淺山區域，住著一群賽夏人，

・賽夏族人口約爲七千人，聚落分布在苗栗縣南庄鄉及新竹五峰鄉。原本分布的領域更廣，北抵桃園縣，南至台中縣北境，後來由集中的大村落變成疏散的小村落，因爲跨區泰雅族，面臨客家移民，勢力被迫縮小形成今日的局面，文化受泰雅族和客家文化影響。

他們生活的方式和泰雅人十分接近，但是也因爲活動區域接近，兩族間的衝突、糾紛和戰爭不斷。人數較少的賽夏族人被迫縮小勢力範圍。

賽夏人兩、三家聚成一個小聚落，建在山腹坡地或小台地上，住屋是以圓木搭架，以剖開的竹管做瓦，以藤索結綁。家屋內的中梁掛有神聖的祖靈袋，只有氏族宗家才能懸掛，門外的牆上則設立了獸骨架，男主人塔羅的彪炳戰績，就放在那兒。

塔羅趁著盛夏期間，溪裡的魚兒最肥美的季節，召集全家人到溪邊捉魚。塔羅帶著魚簍走在前方，兩個男孩走在中間，妻子莫瑞走在最後，沿途禁止說話，否則會招來厄運。到了溪邊，孩子們用砍來的青竹做釣竿，撿來溪谷小石當鉛錘，搬開溪石找到石縫中的小蟲當餌，釣些小魚、小蟹。塔羅和莫瑞在溪流淺處，用溪石

•賽夏族重男輕女，生男稱增加一張弓，但生女稱與塵土一般。所有原住民輕視私生子，且認爲生下雙胞胎是不吉利的，會丟棄或殺掉。

•原住民婦女懷孕稱爲惡火，一懷孕後，她和丈夫都必須遵守一些禁忌：1.不能參加祭儀及接觸祭物。2.不能參加出草。3.參加狩獵不能走在前頭。4.不吃獸類的心臟及鰻魚。5.孕婦不能碰觸弓矢及獵具。

和泥沙擋住水流，只留下一個出口，魚簍就擱在出口處，等著上游順流而下的魚兒，自動的送上門。塔羅說：「現在沒事了，剩下的只有等待，你去撈蝦吧！」塔羅拿出腰間的獵刀，砍下細竹隨手編出一個手網，交給莫瑞撈蝦。他自己則削尖了竹竿當成魚叉，潛入水中叉些肥大的鯉魚、鰻魚。這些豐盛的漁獲正是今晚的主食。

莫瑞懷了孕，即將臨盆，妹妹阿娃過來家裡幫忙，莫瑞順利的生下了一個健康的男嬰，塔羅歡天喜地叫道：「家裡增加了一張弓，感謝祖先的庇佑。」剛生完孩子的莫瑞喝了薑湯，爾後吃些小米粥，因爲這段時間產婦不能喝冷水，也禁止吃豬肉。第三天，塔羅帶著一套弓箭，到莫瑞的父母家裡報喜，莫瑞的父母也準備了一套弓箭回敬，之後塔羅爲新生兒舉行命名禮，他用一

•賽夏族為父傳子社會，僅氏族有圖騰，氏族也是部落組織上的基本單位，但同一氏族並非集中居住，而是散居分布在各部落。氏族是土地的共用單位，已耕地屬於開墾者的氏族所有，同氏族間可轉讓，不能讓給異氏族。

片草葉貼在嬰兒的額頭上，用竹筒向上噴水，取名為烏馬，因為族人採與父親聯名的慣例，嬰兒的全名是烏馬塔羅。莫瑞現在不必遵守孕婦的許多禁忌，終於可以參加族裡的各項祭禮了。而且再過一個月就是秋收的季節，在稻穀成熟但未收穫前，就要舉行盛大的「矮靈祭」。

大兒子烏拜塔羅問塔羅：「從前族裡眞的有矮人嗎？矮人們跑到那兒去了呢？」塔羅娓娓地談起部落的傳說：「從前我們賽夏人住的地方，也是黑矮人居住的地方，兩族之間互有往來，族人在稻穀成熟收割前，會請矮人來驗收穀子結實的情形，判斷是豐收或歉年，不過矮人擅長巫術且臂力過人，有時會惡作劇凌辱族人，尤其他們之中有人欺負族中婦女。族人既感激又痛恨他們，有一次，族人設計讓矮人跌落深谷，矮人死後，稻

・賽夏族原本無紋身習俗，但是爲了避免被剽悍的泰雅族人獵人頭，所以模仿泰雅人刺青。

穀年年歉收，所以族人才舉行矮靈祭，祈求矮靈的原諒和保佑。」

矮靈祭開始前，族裡重要的氏族要聚集到集會所開會和練唱祭歌，男人們上山採芒草，做成芒草結打在所有人身上，連家中的門楣、廳堂，以及穀物、臼、農具、獵具統統都要，爲的是避免矮靈作祟。女人則殺雞，做糯米糰和小米酒，男人負責殺豬。

祭典一連舉行六、七天，由主祭者主持請神、迎靈、娛靈的儀式，第二天傍晚舉行迎神之舞，各氏族帶著神傘唱歌跳舞到天黑，大家圍成圓圈歌舞到天明，飲酒、唱歌，歌聲時而憂傷時而莊嚴，祭典充滿了神祕和肅穆。最後兩天做糍粑、砍竹送走矮靈，等全部族人丟棄所有的芒草結，儀式就算全部結束，大家分享糍粑，飲酒後散去。

年復一年的神祕祭典從未停止，高山深谷的歌聲傳唱著，即使後來的客家人前來開墾，兩族群相互交流影響，但賽夏族獨特的「矮靈祭」的儀式，仍保留到今天。

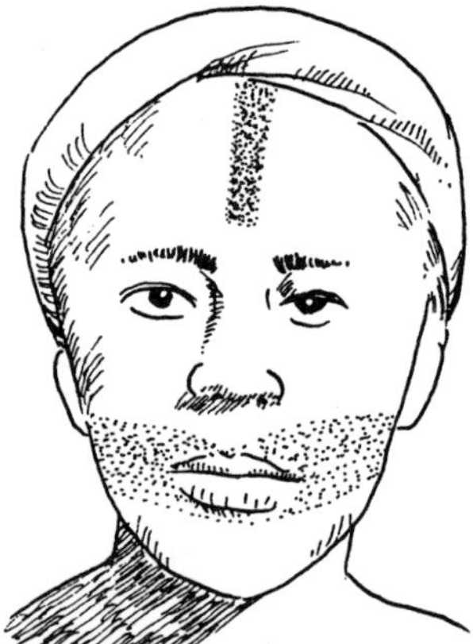

- **賽夏族被後來移入的客家族群包圍，客家族在開墾淺山時和賽夏族人發生衝突、戰爭，爾後因接觸頻繁，產生婚姻、文化交流，例如矮靈祭祀的傳統食物糍粑，後來被客家發粄所代替；日治時期北埔事件，是賽夏族人與客家族群合作的抗日事件，可見兩族群的互動關係與影響。**

布農族和鄒族

台灣中部山區的布農族，常年在一千五百公尺的高山上活動，擅於背負重物和狩獵，著名的祭典是「獵耳祭」。以阿里山山區為主的鄒族，則向大自然學習唱歌，以重視獵首的祭典而著名。

•布農族的分布位置是所有原住民中海拔最高的，平均在一千到一千五百公尺之間，聚落的分布相當遼闊，從南投縣的仁愛鄉、信義鄉，高雄縣的桃源鄉、三民鄉，台東縣的海端鄉、延平鄉、金峰鄉，花蓮縣的萬榮鄉、卓溪鄉，都有布農族的部落，人口約四萬人。

布農族有五個部落系統，分別爲卓社群、卡社群、巒社群、郡社群、丹社群，居住在南投縣內的丹大溪及郡大

(接下頁)

在玉山山脈四周的高山峻嶺中，在倚山臨河的山腹、山腰或山埡的小台地上，散居著一群群布農族的小部落，拓拔斯是這個三、四十人大家族的家長，他和子孫三代生活在一起。房子是傳統的板岩石屋，依著山勢高高低低，大塊的石頭相互堆疊成牆，一片片的樹皮蓋在細細的木架上當做屋頂，屋內用石板鋪地，家屋再分成十幾個床屋，三、四十人統統住在一起。

居住在深山中，一早，雲海環繞在山頭，拓拔斯聽著鳥鳴、蟲叫，妻子塔瑪歐絲和媳婦們舂米的清脆聲響，以及各種天籟迴盪在山谷間，彷彿是一場偉大的交響樂演奏，拓拔斯深深陶醉其中。吃過早飯，女人們下田耕作，或是到山裡撿薪木，年輕的男孩聚在集會所，由拓拔斯監督做些體能訓練。

他們背著裝滿石塊的藤製背簍，來回爬一段很長的

（接上頁）溪流域，後來沿著濁水溪上游遷徙，越過玉山和中央山脈抵達荖濃溪、新武呂上游等地，形成今天的規模。

山路，然後比賽爬樹和角力，射箭和學習做陷阱，則是更高深的技巧。拓拔斯有時把大人和孩子分組，要大家到山野林地追逐、奔跑，並相互丟小石子，假裝成一場戰爭，人人爭強鬥勝，靠的不只是力氣，智慧才是獲勝的關鍵。

這一天，拓拔斯召集所有的孫子宣布：「我已經在森林裡的草叢裡、樹上、石頭底下、洞穴中放置許多寶物，你們趕快去找，誰找到就送給他。」才看過六次花開的笛安是家中的小孫子，但是身手矯健，頭腦也特別聰明，他飛快的跑進森林，放眼觀察哪裡被移動過，或者哪些雜草被踐踏折斷，哪些洞口被落葉覆蓋，他每找到一件寶物，就興奮的高聲歡呼。其他的孩子都黏在他身旁搜尋著，但總是不如他眼明手快。

拓拔斯特別喜愛他，在他贏得獎品後，也帶他到林

•布農族居住在高山上，生活條件困苦，因此體能必須十分優越，擅長長途跋涉。早年盛行獵人頭，常侵入他族狩獵的領地而引起戰爭，交戰的對象包括四周鄰近的泰雅族、鄒族、卑南族、阿美族等，當然也包括後來接近其領域的漢人及日本人。

野去抓鳥。拓拔斯駐足在背風的大樹邊，然後躲進灌木叢裡，觀察是否有鳥進出。拓拔斯用自己的腰刀，把木頭削成丫字形，裝上柔軟的藤線做成了彈弓交給笛安，只見笛安撿起石子，瞄準後發射出去，「咻」的一聲，一隻肥壯的大鳥應聲落下。

拓拔斯滿意地點點頭說：「你的耐性和眼力都不錯，好好努力練習，將來一定能獵到水鹿。」笛安十分得意的說道：「我能獵水鹿嗎？如果我可以獵到水鹿，不就能和爺爺一樣成爲族人的英雄，那眞是太棒了！」拓拔斯拿出自己的弓，指著它說：「你看，每一次你獵到獵物，就在弓上刻劃一道刻痕，只要亮出你的弓，別人就知道你狩獵的功夫。」笛安很羨慕，巴不得趕快長大到高山去追逐獵物，成爲族人的英雄。拓拔斯看笛安對山林十分嚮往，他乘興問道：「再過幾天就是黃葉的時節，到時候我再帶你出來抓飛鼠、採蜂蜜，好嗎？」笛安露出嘴饞的表情猛點頭，想到能嚐到甜美的蜜，忍不住直嚥口水。

每一年除了收割小米的農忙期間，和嚴冬的十二月到第二年的二月，族中男人不出獵外，其他任何時候都可以入山打野獸。寒冬一過，山花盛開時，祭司宣布將舉行「射耳祭」，男人們都上山打獵準備獸耳，女人們開始釀酒。山花凋謝之後，一個月亮稍缺的清晨，天空還是一片漆黑，族中祭司敲擊木杵，召集社中所有的男人和男童，到集會所參加射耳祭典，這是布農族一年中最盛大的祭典。

當天由部落最善獵的拓拔斯點燃火把，然後由他的火把點燃全社的火種，表示薪火相傳，笛安看著祖父繞場，驕傲感油然而生。爾後就是孩子們上場的機會，從

- 台灣諸族中，僅有布農族能製作出「祭事畫曆」，依月亮盈虧將一年中重要的祭典記錄在板上，傳給後代子孫以免忘記，是原住民社會首度嘗試的象形文字，如今成爲布農族文物之寶。
- 布農族以小米爲主食，分爲八種，有的是釀酒、製糕用，有的是平時烹煮食用的，一年的歲時祭儀以栽培小米的活動爲主。

•布農族家庭是大家庭制度，由父系三代親屬組成，成員可以達到三、四十人，婚姻嚴守一夫一妻制，從求親、訂婚到結婚，由氏族會議達成。

年紀最小的射起，笛安由祖父輔助著拉開弓，射向掛有鹿耳、山豬耳的箭靶，祖父口中唸唸有詞，大意是：「鹿耳在這裡，你的親友也將來到，年輕人從此沒病痛，能爬高山，並像星星、月亮般光華四射。」笛安力氣雖小，但奮力一射，射中鹿耳的中心，大家爲他歡呼喝彩，連拓拔斯也感到光榮。

之後大人們隨意射箭，射完所有的箭，就點火移到室內，男人們烤獸肉分食，女人只能在外頭等待。吃完後，祭司向獵來的頭骨和獸骨，祈求每次狩獵豐收。最後男人們開始互報功蹟，拓拔斯首先說出：「我割下十三個人頭。」其他人應和著，他又誇耀說：「我殺過五隻熊和六十隻水鹿。」其他人也歡呼著，就這樣，男人在內圈半蹲成弧形，女人站在男子後圍，跳躍拍手應合。所有人報完自己的戰績，最差的人想著明年要超越自己和族人，最後大家齊聲歡呼，祈求祖先賜福。

和布農族生活習俗相近，鄒族在阿里山附近的山腰上，組成一個個的小聚落，占據著依山面谷的谷地，這許許多多的小社都聽命大社的命令。大社是小部落的中心，也是祭典的舉行場所。大社中央屹立著一間高大的原木高架屋子，茅草屋頂上種了族人的神花——木槲蘭，屋旁種了赤榕神樹，這裡是鄒族人最莊嚴的居所，也就是男子集會所。族人的房舍聚集在它的四周，而每一間的大門都朝向集會所，每到族人發生大事，頭目由此向外高呼，不論遠近的族人都會聽到呼叫，立即集合。

部落的四周種些農作或打獵所需的植物，例如可以摘來食用的箭竹、刺竹、野藤、野果樹。女人們看到台灣欒樹秋天長出花苞，就知道要上山開墾粟地，她會吆

• 鄒族的男性以鹿皮、羌、羊等獸皮，縫製成衣褲、帽、鞋等。揉皮是鄒族特殊且著名的工藝，皮帽和插飛羽更是鄒族男子最顯著的衣著特徵。

• 鄒族的杵音：以高低長短不同木杵，敲在表面平滑的石頭上以發出樂音，曰月潭的邵族仍延續該樂器。

喝全家人幫忙，甚至親友也出動，當花色由初生的黃色轉爲紅色，又漸漸變爲咖啡色，族人就把田裡的乾草木焚燒，準備播種了。播種、照顧小米的成長，都是女人的工作，男人忙著打獵、捕魚和捕蜂。

在部落附近的四周土穴裡，埋藏著大黃蜂的蜂窩，蜂蛹可以吃，母蜂泡在酒裡能治病，所以男人們喜歡捕蜂，但不是任何季節都可捕捉，通常只在深秋或初冬季節，月圓的晚上是蜂蛹最多的時候。七、八個身手靈活的男子，找到大黃蜂的出入口，他們選派其中一個人主攻，他拿起乾柴及乾茅草葉點燃當火把，先以火把準確的堵住蜂口，並燒死在外面的警戒蜂，避免牠們兇猛的攻擊，等到火勢把逃竄的蜂燒死，其他人就開始挖土，最後取出蜂巢，就算大功告成，大家平分食物。

另外，男人也十分熱中學習歌唱，想要學習唱歌的

• **鄒族是由幾個父系家庭組成聯合家族，男子負責狩獵、戰爭及掌握政治實權，從事製作、建築、開墾、山溪捕魚，女人則從事農耕、紡織及家務、育兒。平曰農耕，聯合家族成員相互協助，到了開墾和收穫時，聯合家族需要更多人手，於是連姻親也來幫忙，形成一種輪流到各家耕地工作的「輪工團體」，合力完成農事工作。**

人，先要準備一分禮物，通常都是糯米糕，然後前往離部落有一大段距離的深谷瀑布。他們沿山路迂迴走下山谷，到達地形隱密的瀑布，瀑布從高頂向下傾洩，嘩啦啦的水聲震耳欲聾，氣勢澎湃洶湧。男人背對著瀑布，把禮物丟進水裡，祝禱並祈求神明教導歌曲，爾後背對著瀑布靜坐一段時間。這段時間裡，他聽見水花飛落的巨響，風的吹動，石塊被擊打的聲音，這些聲音迴盪在深谷中，形成特殊的共鳴。最後他回家睡覺卜夢，夢中神明會傳授他一些古謠和祭歌。

社中傳來布農族人侵入族人的獵地，勇士們召集出外獵首，他們割下敵人的人頭，帶回來後放到神樹旁，由頭目從集會所呼喊，頭目宣布道：「要舉行敵首祭，大家分頭去準備吧！」男人們有的修理集會所屋頂，有的到通往獵區的路徑上除草，象徵出獵、出征順利；女

•敵首祭中，長老會訓勉並鞭笞年輕人，為他們戴上皮帽，然後帶到頭目家喝少量酒後，即表示成年了。

人協助製作祭品小米酒和糯米糕。

祭典開始，勇士穿上整齊的服裝，戴皮帽，佩上神明認識的石槲蘭和避邪的樹皮簽條，一名勇士持聖火到廣場，點燃集會所裡象徵族人的生命之火，經年不能熄滅。族人殺豬獻給戰神，並修剪神樹，好讓天神降臨，爾後唱迎神曲。勇士們手牽手，身體上下搖擺，舉步向前合聲唱出：「天神啊！豬已殺，血已準備，請下來享用吧！」奉上祭品祭拜後唱送神曲：「爲你進行的儀式已結束，爲你唱的歌也唱完，請你回天上，我們會繼續唱出你喜歡的歌，希望你給我們力量。」

這時婦人也加入唱戰歌的行列，並且開始跳舞，勇士並在社口束茅草做薦台，將神花、豬肉放在上面，用以供奉出征的卜鳥——繡眼畫眉。勇士也到各族氏的家屋祝福，同時舉行成年禮。族人歌舞慶祝連續兩、三天，唱著各種祭歌，內容是有關長幼秩序、歷史知識和社會倫理等，盛大的祭典結束後，敵首放進集會所的敵首籠內，族人才恢復正常的作息。

• 鄒族原有四大部落，即阿里山地區的特富野、達邦、伊姆茲三部落，加上南投信義鄉久美區的魯夫都部落，其中靠西部平地的伊姆茲，最早受到漢人侵墾的壓力，後來併入達邦社。而南投魯夫都部落因日本理番計畫，把布農族的郡社遷村到信義鄉，以後同化於布農族社會，目前僅剩達邦和特富野兩大社，人口約七千人之譜。

•清代時期，在今天的南投縣鹿谷、竹山、集集、名間、水里、魚池等鄉鎮，有許多的布農族和少數泰雅族的部落，其中也有邵族的聚落，統稱爲水沙連二十四社。康熙年間，邵族部落移到日月潭中心的光華島，形成了審鹿、貓蘭、水社、頭社等四社。

傳統的邵族以捕魚、焚地游耕、打獵採集爲主要生活方式，後來移居日月潭湖畔四周，人口一度達一千人。光緒年間，漢人侵入開墾，四社開始遷移到更偏僻山區，日治時期原四社的故居全變成漢人村莊，各社合併到石印。日月潭水力發電工程開工後，邵族被迫遷居到卜吉（德化村）與漢人雜居，很快接受優勢的漢人文化，現今的邵族仍分布在日月潭附近，人口降至二、三百人，傳統文化幾乎喪失殆盡。

原住民人口變化（平埔族+山地原住民）		
荷蘭時期	原住民二十萬人	漢人僅五萬人
鄭成功時期	原住民二十至二十五萬人	漢人十萬人
日治時期	原住民二十萬人	漢人約五、六百萬人
國民政府	原住民三十四萬人	漢人二千萬人

民國八十五年，內政部民政司公布原住民各族人口數：泰雅族86042人、賽夏族6930人、布農族41691人、鄒族6838人、排灣族67760人、魯凱族11595人、卑南族10166人、阿美族146165人（最多）、雅美族（達悟族）3987人（最少）

排灣族和魯凱族

在台灣南部，擅長刺繡和雕刻的排灣族和魯凱族，同樣有著階級分明的社會組織。排灣族著名的「五年祭」，隆重而具戰鬥意義；魯凱族嚴格的成年禮，和有趣的「搶婚」習俗，別具特色。

•排灣族傳統社會以貴族家系爲特徵，部落是由幾個貴族家系與平民組成。整個社會分爲三個階級：頭目階級、貴族階級、佃民階級。頭目是政治的重要人物，決定族中大事，受人尊重，族人打到獵物要送一份給頭目。貴族則享有免稅與象徵尊貴的物品，例如琉璃珠、百步蛇木雕及陶壺等。佃民即平民階級，必須繳稅，盡義務。

大武山山腰有一群群的部落，依山建築了又長又寬的石板屋，每一間石板屋整齊錯落著，密密麻麻的聚成大部落，這些以板岩堆疊的石板屋中，有一間特別突出醒目，屋前種了一排又高又直的椰子樹，石板屋的屋簷下，排列了一幅幅雕刻線條簡樸有力的人頭像，看起來氣勢不凡，屋前有一個放人頭的首棚，屋側則建蓋了一個大穀倉，和一個工作用的涼台，這兒正是排灣族頭目將努帕的家。

一早，族人沙撒勒的妻子阿給來到頭目將努帕家門口，叫喚著：「頭目在嗎？沙撒勒今天一早起床，眼睛紅腫，痛得張不開，麻煩你去看一下。」頭目點了點頭道：「好，我會帶琉璃珠去看他，你放心吧！」頭目進了屋子，這是一間寬敞的屋子，迎著大門的是一片木雕牆壁，表示他尊貴的身分。象徵祖先的神聖中心柱，也

•排灣族的工藝技術最發達且具特色。以織布爲例，有刺繡、貼飾、珠工，色彩繽紛，線條繁複。雕刻方面，不論餐具、車飾、菸管、樂器、刀柄及家中梁柱，都雕上各種幾何圖形並上色，有權勢者才能雕刻人頭及百步蛇圖案。望族均有傳家寶——陶壺。

雕滿了百步蛇、山鹿和人像圖形，裝飾著各種圓形、渦狀和曲線。頭目穿戴整齊，取出自己專屬的琉璃珠，去幫族人治眼痛。

頭目走近平民沙撒勒的家，這裡除了家屋外還建了豬舍和雞舍，石板屋裡除了祖先柱，空無一物。頭目坐在中心柱下連接的木凳爲他治療，他用琉璃珠趨邪，露出刺青的手腕，口中唸唸有詞，完成儀式後頭目便離去了。琉璃珠的法力果然靈驗，過兩天，沙撒勒就好了。

頭目平時最愛去找同是貴族的古勒肋，古勒肋除了打獵以外，其他的時間大都在雕刻，他到野地去找枯倒的木頭，然後判斷它能刻成人像或圖形，把木頭搬回家中的工作室，開始動手雕刻。古勒肋的手藝極好，任何木頭經過巧手雕琢，就變成一件件美麗又實用的器皿，例如湯匙、木勺、刀鞘、碗、盆，並加上繽紛的圖案；

而巨大雄偉，美輪美奐的祖先柱、門楣、庭柱，更能讓他表現浮雕、透雕、全雕的全副木雕功力。

古勒肋也會做陶壺，他依照祖先傳下來的樣式，捏出外型有別的公壺和母壺，頭目將努帕家的陶壺正是他做的，用來擺在屋裡，象徵貴族的地位和尊榮，一般平民是不能擁有的。將努帕的長女答魯灣，最近和捕山豬的英雄勒谷魯相戀，所以他打算做一對公母壺，送給將來繼承家屋的新人當禮物。

答魯灣的刺繡在部落裡赫赫有名，她不但能夾織藍、紅、黃的整件披肩和喪服頭巾，尤其爲人稱道的是以黑色布繡上各種彩色的菱形格紋和曲線紋，花式高雅別致，做成男人的禮服體面而大方；她裁製的女人長袍和圍裙，領口、袖邊極盡細巧的能事，繡出華美的萬字紋、富貴紋和插花紋，配色鮮明，大膽豔麗，引來族人

•排灣族採長嗣繼承制，不拘長男、長女都可繼承家業。僅有頭目家系的男女可在身上刺青，男子刺在胸背及手腕上，婦女刺滿兩手手背，一出生即可刺青。

羨慕的眼光，每次重大的祭典總是搶盡風頭。

勒谷魯是族人景仰的山豬英雄，他雖然是平民階級，體內卻流著天生獵人的血統，他擅長觀察地形，對野豬出沒的地點瞭若指掌，設置的陷阱十分靈活，無論多麼壯碩的野豬都難逃他的手掌心。他抓的獵物除了山豬，也有山羌、山鹿，甚至抓過一隻黑熊，雖然年紀輕輕卻已經抓過三、四百隻的山豬，所有的獸骨和皮毛堆在屋內，掛滿了四面牆壁，也成爲年輕族人的典範。頭目特許他在右手腕，戴上由豬皮毛製成的腕飾——卡葉特，表示他的英雄榮譽。雙方家長計畫在「五年祭」後再爲他們舉行婚禮。

「五年祭」是族人最盛大的祭典，通常要花上八天到十天，全部落的人都動員參加。男人上山砍木頭和竹子，做成刺球架和祭桿；族中女巫選派男祭司，選定頭目負責祭典；男人並整修通往耕田的路，摘取樹葉、野藤、樹皮來做祭球和祭桿；古勒肋則負責雕刻女巫和頭目的祭桿；女人煮甘薯、舂小米、做米糕和釀米酒。

祭典分成兩部分，家祭和祭場的祭典。女巫到每戶家屋前的空地舉行「祖靈祭」，男人在屋前石凳上插滿帶葉的竹子，爲埋葬在外的鬼遮蔭，女巫以小刀、豬骨和酒，告知祖先不要搗亂，然後在家門口和窗口外放米糕，祭祀四面的祖靈，傍晚時再撤去米糕，拔掉竹子，家祭就算完成。

祭場的儀式就複雜有趣多了，由女巫和頭目帶領先向祖靈祭拜，再走入刺球場，這時祭司持著藤皮編成的祭球，向空中拋去，他一共拋出十球，由貴族們先刺球。頭目和女巫持著雕刻精美的竹桿，先刺中藤球，然後立在祭場入口兩邊，守護著祭場的安全。接著祭司又

•排灣族生活在中央山脈南段，以大武山爲中心的一千五百公尺到一千三百公尺的山區，排灣族分布在屏東縣七個鄉（三地、霧台、瑪家、泰武、來義、獅子、牡丹）及台東縣四個鄉（達仁、金峰、大武、太麻里）的山地，人口約六萬七千人。

•命名是襲用原則，須避免和父兄母姊同名，長子襲用祖父名字。男子有年齡階級制度，分爲七期，包括嬰兒期（一歲內）、兒童期（二至十歲）、少年期（十歲至十六歲）、青年期（十七歲至二十二歲）、成年期（二十三歲至五十歲）、中老年期（五十歲至七十歲）、長老期（七十歲以上）。女性結婚後即成年，無年齡組織。

陸續抛出球，族中的勇士加入，用竹竿搶刺，勒谷魯也是其中的一員，他一槍就刺中了藤球，其他的人搶著剩下的三、四球的機會。這時頭目和女巫在旁吟唱祭歌和經文，盼望祖靈賜予更多的智慧和力量。

同樣也是分布在中央山脈南段，以大武山南段兩側溪流上游的山谷，散布著魯凱族的石板屋，部落中常會種上高大的蒲葵樹和古老榕樹。族人特別重視男孩，阿乍克的妻子生下一子，襲用祖父的名字，取名爲希瓊，升格當父親的阿乍克爲男嬰買來一把長刀，掛在石板屋的中心柱上，以示慎重。

希瓊漸漸長大，看過十五次花開後，要舉行進入男子集會所的「成年禮」儀式。參加「成年禮」的男子全部集合到會所前，一連五天不能吃喝，身體又餓又虛弱，這時身爲青年級的巴書浪，就帶領著他們往部落外

・女巫參與原住民年中的各種祭典，從祈求疼痛痊癒、占卜、消災和祈願等都是女巫的工作，族人透過女巫了解神的旨意，可見女巫在族社的影響力。九族中都有女巫文化的存在，有些族群也有男巫師，其作用與女巫相同，只是性別不同。

的荒山去，爬上山已經是傍晚了，必須在山上找地方過夜，然後巴書浪把每個人單獨留在一處。希瓊所待的地方，夜裡氣溫越來越低，森林裡時而傳來鵂鶹「噓——噓」的叫聲，偶爾也有山豬低沈的咕嚕聲，甚至是黑熊的悠長響亮的嚎叫，嚇得希瓊一夜不敢闔上眼。爲了保暖，他割草蓋在身上，想辦法熬到天亮。

第二天巴書浪帶他們下山，進入集會所繼續絕食三天，隔天吃些粥，再絕食兩天，再進食一天，整整由上一個月圓進行到下一個月圓。通過這一項嚴格的考驗後，希瓊就進入青年級的訓練，他必須對族中的長輩絕對服從，遵守規矩，如果犯錯，要接受咬人狗毒草的鞭打，被打過後會又痛又癢，全身紅腫，七天後疼痛才會消失，這種嚴厲的責罰，讓少年們學到了自律的精神。

又過了三年，希瓊通過訓練，有資格晉升爲青年

•魯凱族分布在中央山脈南段兩側，散居在高雄縣茂林、屏東霧台鄉、台東縣卑南鄉等境內，各溪流上游的山地，人口約一萬一千人。

•魯凱族也有社會階級，稱爲頭人、世家及平民三級。頭人常有佃租田產等實際權利，世族只有豁免租稅及股份、紋身等象徵性利益。魯凱族屬父系社會，繼承權以長子優先，重男輕女，長男出生有特別隆重的命名祝福儀式。

級，在這一年收割的豐收節時，族中長老拿著咬人狗毒草抽打希瓊全身，驅除他身上的不良與污穢，長老並告誡道：「今後謹慎做人，不可通姦，不可偷盜，要做少年級的模範，教導他們規矩。」然後長老幫他們戴上象徵成人的冠帽。阿乍克準備了小米酒、米粿送到集會所一起慶祝，希瓊從今天開始必須長住集會所，可以和成人一樣喝酒、抽菸、談戀愛。

第二年夏天，收成了小米和芋頭，族人舉行盛大的「豐收節」，全社的人把收穫的農作物和獵物，送到頭目家的祖靈屋祭拜，然後由頭目依每一戶人口平均分配，大家一起享用。青年級以上的勇士必須在先前絕食七天，第六天還要舉行分齡的長跑比賽，從部落跑到族人發祥地肯杜爾山，摘下山上的松葉再跑回部落。

整個豐收節的重頭戲是「盪鞦韆」，男人們先上山

•百合花象徵純潔高貴，受魯凱族尊崇，以往只有貴族才有資格佩戴，一般平民必須有優秀的事跡，獲得貴族許可才能佩戴。少女或婦人平日操守德儀，足堪族人表率，才有資格戴。族中傳統，少年成長後，如果要佩戴百合花，需要準備小米、豬肉、檳榔等貢禮，向頭目「買花」。

砍採碩大的刺竹，然後架設高空鞦韆。

活動開始前，頭目手持檳榔向鞦韆四周祭祀，祈求平安，然後年輕的男女相繼進場跳舞。這時希瓊注意到一位穿著美麗刺繡長袍的女孩——歐曼葛，他上前去邀請她盪鞦韆。她以單腳踏在草環裡，技巧高超的盪得半天高，加上她身穿美麗的服飾，立即贏得在場所有人的目光和掌聲，也得到希瓊的青睞。他扶著女孩下來，稱讚地說：「妳盪得眞好，衣飾也十分好看。我能不能去看妳？」歐曼葛羞紅了臉，輕輕地點了點頭。從此他開始每天夜晚到歐曼葛家外唱情歌，偶爾還帶來百合花、月桃花，或是獵來的豬肉，贏得歐曼葛的歡心。

有時他們在月光下散步，一起走到溪邊去，希瓊會唱著美妙的歌曲，她輕輕的和著，兩人最多只能兩眼相對，以歌和眼神傳達愛意，任何身體的碰觸都是禁忌，

•八月中旬，族中男人聚集在野外一個特定的地方，圍繞著凸出的山丘點燃營火，由其中最權威者爲所有男子向山神祭拜，勉勵大家勇往直前，再接再勵，大家比賽射箭後，就算完成了獵人祭的祭典。

希瓊雖然充滿濃情蜜意，但是一點兒也不敢逾矩，否則會遭到嚴厲的處罰。

希瓊跟著族人打獵、出草，漸漸成爲族中勇士，取得結婚的資格，阿乍克和妻子帶著小米、木柴送到歐曼葛家中，他們回敬了檳榔表示首肯，希瓊歡天喜地的準備迎娶。

歐曼葛在被迎娶的前一天，則被用毛毯五花大綁，迎娶當天，希瓊穿戴整齊到女家，而歐曼葛家人卻把歐曼葛團團圍住。靠著親友的幫忙，希瓊動手搶新娘，搶到手後趕緊扛著她跑回家，路上又遇到歐曼葛的仰慕者來攻擊行搶，好不容易才脫身回到家。到了阿乍克家，新人要以小米糕祭拜祖先，然後兩人共同舂米，表示從此正式成爲一家人，共同生活在一起。

海岸原住民

在台灣東部海岸，同樣以母系為社會的中堅，男人入贅到女人家中的阿美族和卑南族，其聞名的「豐年祭」和男子成年禮——「猴祭」還有「大獵祭」，都展現了男人的雄風。唯一孤懸在外海的達悟族，以水芋、飛魚為生，獨特的「飛魚祭」別具海洋族群的特色。

•阿美族大都居住在東部的台東縱谷及海岸地區，恆春及屏東地區亦有少數混居，人口約十四萬六千人，現爲原住民中人數最多的一族。

•傳統阿美族是母系社會，婚姻以招贅爲常則，子女從母居、母姓，家屋和財產由母親傳給女兒。求婚的女方必須盛裝到男方家中服勞役。

台灣東部海岸平原上，阿美族龐大的聚落集中在一處，四周種植了密密麻麻的竹林，部落門口建築了瞭望台，防守外來的人入侵。家屋是用方木做柱，木板爲牆，茅草蓋頂，另外還築了墊高的穀倉、豬寮、雞舍。拉鼓娃和女兒拉亞、女婿馬歐外，及孫女宏愛住在一起，他們是一個以母姓爲主的大家庭。女人下田耕作，種小米、甘薯、芋頭、豆子，到海邊撿海菜、貝類，而男人除了耕田，也要下海捕魚，上山打獵。

宏愛小時候很少見到父親，因爲入贅的馬歐外不能住在家裡，只有晚上才從窗戶爬進來，天一亮就離開去幹活，直到他五十歲才搬進妻家。宏愛已經十五歲了，父母開始爲她注意村落裡的年輕男子。一天，馬歐外從外邊回來，與匆匆地對著妻子說：「住在男子集會所的拉多邁很勤勞，是一個好對象。」拉亞聽了暗自竊喜，

•阿美族是個母系的社會，家中決策權在女性家長手中，部落權力由男子掌握，並依年齡層分不同階級，老年人是決策階級，中年是執行階級，青年人是服役階級，少年人是學習階級。男子到了十八歲經過成年禮，進入青年組最小一級，負責掃地與撿柴火，每三年自動升一級，第二級負責挑水，第三級負責通信。領袖是靠後天成就和表決產生的。

她立刻出去向鄰人打聽，果然認識的人都誇讚他。拉亞告訴女兒宏愛，宏愛開始到男方家去幫忙，起先是挑水、打米，熟悉之後，有時也幫忙煮飯。農忙的時節，宏愛跟著他們家人去插秧、耕田和收穫。拉多邁聽家人誇讚宏愛，每晚都送她回家，一路上談談笑笑、聊聊家常，感情日益增進，然後他再回到會所。

拉多邁和弟弟里望每晚都睡在會所，會所蓋在整個部落的中央，隔出十一間房，社裡的未婚年輕人常年居住在這，平時有嚴格的軍事訓練，包括上山狩獵、下海捕魚及勇氣膽量的考驗，例如半夜到海邊提水，沒月亮的深夜到墓地取竹牌等。不按規定的青年，會被長老罰唱歌、喝酒，被灌醉的人則由家長領回家，不能參加一年一度的族中大事——「豐年祭」。

田裡的穀物收割後，由族中長老決定「豐年祭」的

•豐年祭期間，阿美族人吃葷不吃素，大量吃獸肉、糯米糰，不吃蔬菜。

•捕魚是海岸阿美族與達悟族主要的生產事業，而花東縱谷地區則以種水稻、旱稻、粟、薯、芋、稗等為主業，打獵只是一種儀式或娛樂，不是生活的依靠。

日子，全族的人忙著殺豬、烹雞，拉多邁和青年級的人負責打獵捕魚，宏愛和其他婦人做糯米糰及釀酒，族人也開始清掃房屋、馬路和四周環境並除草。

祭典開始，由全社最富有的人爬上屋頂喚神參加，並拿出糯米糰及酒拜敵首，日頭偏西後跳舞、唱歌到半夜。爾後每家殺雞，老人拜魚，青年人拜路、橋，壯年人拜豬神。族中的勇士割草重建敵首屋，然後比賽角力，兩人相互推拉較量，訓練體能與智慧。

豐年祭的重頭戲在第六天清晨，壯年級的長老清點各年齡階級的男子人數，訓示完畢，由少年級先跑，青年級追逐著前面的人奔跑到海邊，進行團體捕魚的活動。拉多邁的青年級是下海捕魚的主力，他們游入海中撒網，有的人負責趕魚，等到魚兒落網，慢慢的收網拉上岸；壯年組則負責搭架、煮炊。用餐前，長老帶領大家向大海祈求出海打魚平安豐收，並請海神享用祭品，長老把事先準備好的糯米糰丟入海中，完成「海祭」的儀式。

用餐時，將捕獲的魚按年齡順序分配，通常出力最多的青年級分到的魚最少，但誰也沒有抱怨，他們深知族人嚴守輩分的規矩。結束海邊的儀式後，男人們跳著高難度的舞步，返回部落。經過一天的辛苦勞動，拉多邁他們仍強打起精神，跳回會所的廣場，族中的長老和婦女都在場觀賞，宏愛立即走到拉多邁的身邊，和他共舞，他們通宵達旦的歌舞，感謝著這一年的豐衣足食。

第七天，年輕人獨自去捕魚蝦，帶回給在會所等待的老人。最後一天，新入少年級的人被點名，開始住進會所，這才結束了爲期八、九天的豐年祭。

拉多邁通過成年禮的訓練，宏愛的家人準備了酒、

•阿美族存在著老人政治，頭目及年齡大的長老，是部落族人尊敬的對象，大事的決定權掌握在老人手裡。

•卑南族大部分居住在台東縱谷南部，小部分散居在恆春半島，人口約一萬人。

•吸菸習慣各族都有，只有達悟族沒有吸菸、飲酒嗜好。嚼檳榔僅是卑南、阿美、排灣及達悟族的習慣，北部及中部原住民沒有這種習俗。

檳榔、糖到男方家吃，就算是訂婚。結婚當天，馬歐外殺豬、拉亞做糕，他們送稻穀、糕、檳榔、酒、菸給新郎家，接回拉多邁，由長老訓話，然後吃飯，晚上跳舞慶祝。第二天，拉多邁去海邊捕魚回來，一對新人才開始夫婦的生活，拉多邁晚上由窗口爬進來，天亮就回會所，有時也在會所過夜，直到宏愛生下兩個孩子才搬出去，獨立成家。

生活在台東縱谷南部，以種小米、芋、薯、旱稻及打獵爲主的卑南族，生活方式和社會組織，和阿美族十分接近，靠著嚴格的會所制度訓練族中男人，使得人口不多的卑南族長駐後山，沒有被勢力龐大的阿美族同化，著名的猴祭、大獵祭及年祭，維繫著卑南人特有的文化。

看過十二、三次花開的哈古，被長老點名進入會

所，但是進入會所前必須經歷猴祭的儀式，當天他們集中到會所前，每個人的臉塗上黑炭，光著上身，只圍住下半身，手上拿著乾香蕉葉，安靜地等待黑夜來臨。入夜後，隊伍分成兩路，到部落的每一戶家屋，哈古和同級的少年整隊衝進屋去，口中唸著：「阿拉・阿巴蓋搭」，表示驅除霉運，帶來好運。

夜裡天涼地凍，少年們牙齒格格作響，但是經過挨家挨戶長途跋涉，不斷衝鋒陷陣，倒是驅走了寒意。這時，他們不期而遇地碰上另一隊伍，兩邊人馬爲了展示自己的勇猛，大聲怒吼，相互張牙舞爪，一場戰爭好像快要發生，突然族中長老出現制止，衝突才被化解。

天亮後，他們將舉行刺死猴子的儀式。哈古記得自己還是孩童的時候，父親就帶他上山射猴子，猴群都有固定的棲息地，以及進食和行走的路線，父親帶他去看

・卑南族是母系社會，婚禮方式十分特別，先由男方送女方檳榔果實三車或五車，及女人衣裳一套，入夜後男方佇立在女方家門口，女孩母親喚女婿進入院子，在院子中擺一串檳榔，到了雞啼才開門讓女婿進入女兒房間，黎明時男子再奔回男子集會所，第二天又到女孩家。一直等到女孩懷孕後，男子才正式入贅到女家。

猴群吃過的野柿，中午睡覺休息的榕樹，最後他們選擇猴群喝水的山谷，因爲地勢容易攻擊和藏身。他們兩人藏在溪谷的大岩石後面等待，果然天才微明，猴群悄悄的靠進水源，雖然猴子行動敏捷，附近的樹葉搖晃的厲害，但仍逃不過父親銳利的眼睛，他模仿鳥鳴輕輕叫著，哈古立即拉滿弓，屏氣凝神的等待。就在其中一隻猴子低頭喝水時，哈古瞄準使勁一射，猴子應聲中箭。但是在猴群的掩護下，受傷的猴子居然逃掉了，哈古這一次總算見識到猴群的聰明、敏捷和完美的團隊精神，他不禁讚嘆：「不愧是族人敬仰的對象，牠們的機智、靈巧，比人還厲害呢！」

「天亮了，回會所集合吧！」哈古的回憶被打斷，他們回去聽長老教誨，每人持一支長茅，隊伍中有兩人提著猴子繞行部落再跑回祭場，其他較年長的人要到去

•清朝時期，卑南族曾經十分強大，附近的阿美族也聽令於卑南大王的命令，可見當時其強大的情況。

年有喪事的人家中祈福，人員到齊後，長老要求大家長跑，最後才刺死關在祭壇上的猴子。長老這時唸著歌謠：「猴子你要早早升天，保佑族人平安、豐收。」哈古跟著唸，隨後，少年們排隊進入祭場，年長者拿竹子，揮打他們的屁股，表示晉升一級。

再經過四次開花後，哈古要接受更嚴格的「大獵祭」。祭司聆聽鳥音，占卜出獵地點，青年級的族人攜帶弓箭、長刀到獵場紮營，他們要在山上待五天。哈古必須自己設陷阱、打獵、找野菜填飽肚子，他想起父親教給他如何辨別野菜和藥草；如何做一些活結陷阱抓小動物；如何開腸破肚清洗獵物，不留下任何痕跡讓其他的野獸聞血而來；如何避開大型野獸和大蜂的攻擊等。到了夜裡，要砍樹木和野藤，迅速的搭獵寮過夜，雖然可以起營火，但絕不能整夜點燃，滅掉營火後必須清理乾淨，不讓獵物嗅到。半夜露水重，必須找山葉芋、茅草保暖。

通過五天在野外生活的考驗，青少年帶著打到的獵物回部落參加年祭，哈古回部落時，母親和姊妹都出來迎接，並以鮮花爲他編了一個花環，請長老爲他行「加冠禮」以示成年，哈古單腳跪下，接受了花環並換上乾淨的禮服，開始盡情的喝酒、唱歌、跳舞，慶祝一年一度的年祭。

住在蘭嶼的雅美族人，自稱是住在人之島的達悟族，他們在島上海邊建立六個部落，木板和卵石建成的家屋都在地底下，另外建有工作室、涼台。男人負責捕魚、開墾、養豬和種樹；女人栽種水芋、甘薯、小米，田的周圍種有椰子、鳳梨和檳榔。家庭通常是由父母及兒女組成，兒女成家後先住在工作室，生兒育女後搬出

- 達悟族居住在蘭嶼島上，分爲六個部落，包括紅頭、漁人、椰油、東清、野銀、朗島，人口約四千人。
- 達悟族是以父系爲基礎的地域性家庭團體，以小家庭爲主，採一夫一妻制，與子女組成家庭，子女長大結婚後另外建屋，自立門戶。一般而言，家屋只用一代，父親死後房子拆掉，兄弟平分舊屋建材，土地由長子繼承。

• 達悟族在造船、雕刻上的成就非凡，每一艘捕魚船以拼板合成，而和其他族群的獨木舟不同，木雕之美極爲講究、豐富。

去獨立生活。

夏本尼灣爲了迎接「飛魚祭」，到山上去巡視自己的林地，並找到合適的木頭造船，他先在樹上刻痕做記號，這樣別人就不會侵犯。等正式開工的日子，族人都來幫忙，夏本尼灣上山砍木頭回來，刨去外皮削成木材，一塊塊的接合成船身，船板接縫中塡滿木棉，船身造好了，最後在船首刻出同心圓紋代表眼睛，保佑出海平安。新船完工啓用前，必須舉行隆重的下水儀式。

夏本尼灣很早以前就準備了大量的芋頭和豬肉，堆滿新船當做禮品。當天清晨，族人都到他家爲他慶祝，男人們光著上身，穿著丁字褲，跳起了「勇士舞」，他們雙手握拳、上下抖動，眼睛瞪大、緊咬嘴唇，臉部扭曲拉長，看起來威嚴肅穆。他們口中呼喝著短而有力的聲調，一步步跳動趕走惡靈，隨後合力抬起新船向上

•達悟族是唯一沒有獵首習俗的民族，其戰爭也僅止於部落間的衝突，當戰爭發生時，先互相咒罵再徒手決鬥，然後集團作戰。集團作戰先以石頭互擲，雙方持全副武裝的藤兜、藤甲相互丟擲，有人被擊中卽分出勝負。卽使是最激烈的戰爭，只要有人流血受傷卽會停止，不允許集體流血。

拋，顯示他們的強壯勇猛，再把新船抬至海邊下水，女人則在一旁觀賞，激勵他們，隆重的新船下水儀式結束後，大家分食豬肉和芋頭。

族中男人都修好了船，製好曬魚乾的木架，清洗了魚網，等待著「飛魚祭」的來臨。

祭典當天清晨，所有男人把船排列在海邊，穿著椰樹皮背心，頭戴藤盔，盛裝的長老抓一隻豬或公雞上船，講述飛魚祭的規矩和禁忌，然後大家一起揮動藤盔招來飛魚，隨後殺祭物取血於碗中，族人輪流以手指沾血，走到海邊的卵石上擦拭，祈求保佑身體健康，海上捕撈平安順利。

然後大家各自回家，吃過芋頭餐，夏本尼灣再到船邊呼叫飛魚游來，並在船身上下搖動，用手舀海水入船艙，祈求豐收好運，接著就是等待夜晚的捕魚時刻了。

- 達悟族女人在山區種水芋，播種後很少照顧，在收成時邀親朋、婦女來幫忙舉行驅惡儀式後，必須工作數日才完成，最後大家一起分配所收成的水芋。
- 飛魚祭期間，男人也捕其他魚種，例如鬼頭刀、旗魚等，但達悟族認爲洄游的飛魚群，是海神的特別恩賜，別具神聖意義。

天色一暗，夏本尼灣和其他勇士都迫不及待的划向海去，一時之間，海域處處可見木雕小舟，大家不約而同地在船尾綁上火把，飛魚見到光亮立即靠攏，族人立即撒網，年輕人則下海趕魚，夏本尼灣緊緊抓住魚網，一等富有經驗的長輩做出信號，大家一起收網，數不盡的飛魚奮力的跳動，但逃不出網，不消多久，飛魚便裝滿了船艙，大家滿載而歸。回到岸邊，人人殺魚、清理，然後所有的族人平分，夏本尼灣將一列列串起的飛魚，高掛在家中曬魚架，飛魚乾越多表示財富越多，飛魚乾的香味瀰漫著整個部落。

每年三月到七、八月，都可見漁船單獨出外捕飛魚。飛魚祭期間，各家屋的四周和出入口，都要以竹子圍住，防止惡靈入侵，飛魚祭結束後才拔掉，而捕到的飛魚必須在一定的時間內吃完，否則就必須丟棄。

台灣的高山和海岸原住民，其傳統的生活方式在荷蘭人和清朝政府期間，受到外力的干預極少，日治時期又受到隔離保護。但是進入國民政府後，隨著現代文明逼進，漢人的物質進入山區，逐漸改變原住民的傳統生活，交通便捷之後，原住民與閩南、客家、外省等族群通婚、交流，甚至西方宗教全面影響，使得原住民語言、祭典和文化式微。近年來，弱勢團體的聲音重獲重視，現在各族族人極力挽回傳統文化，希望多彩多姿、極富特色的各族傳統文化能延續下來，永遠活躍在台灣這個舞台上。

閩南人

中國大陸福建省沿海一帶的閩南漢人，早在宋、元時代就有人來台灣探險、交易，明末清初人漸多，到了清朝更達高潮，雖然清政府頒有禁令，但仍擋不住一波波移民的熱潮，閩南移民開發山林，蓽路藍縷，歷盡千辛萬苦，成為台灣最優勢的族群。閩南移民中除了開墾的農民外，有一部分是擅長做生意的商人，他們來往中國和台灣做貿易。

•閩南一詞是指福建省南部，講閩南方言的各縣，主要以晉江（泉州）、廈門及龍溪（漳州）爲代表，泉、漳州位在沿海一帶，山多田少，人口稠密，所以住民向海外發展，經商移民成爲十分普遍的現象。

•移居台灣的還有汀州、福州、永春、龍巖及興化的人，但以漳、泉閩南人口最多。

阿海跟著叔叔坐船渡過黑水溝，海上的浪花大得嚇人，戎克船不停的晃盪，阿海忍不住嘔吐，吐完胃裡的早飯，覺得舒服多了。「叔叔，這船還要走多久哇？」「如果天公保佑，再一天就到了，但是黑水溝的潮水隨時在變化，誰知道會拖多久，你趕緊祈求媽祖保佑吧！」叔叔表情嚴肅的說著。

初夏吹著又溼又熱的西南風，讓船終於順利的靠上岸，阿海擔心翻船的憂慮也被風兒吹得煙消雲散。摸黑下了船，大家趁著夜色，偷偷跑進海口樹林內；等到第二天天明，溯河往上游走，路上碰到人就問路，終於找到淡水河渡船口；市街上人來人往好不熱鬧，街上的商家忙著進貨買賣，吆喝聲、討價還價聲，交織出一片熱鬧的景象。來自鄉村的阿海看得目不轉睛，他還發現來往的人群中，有一個皮膚較深黯，五官十分突出的男

人，他的耳朵穿上大大的耳環，頭髮留長披肩，束成一束放在背後，雖然他穿的衣服和漢人相似，但是仍和漢人有著區別。阿海看得出神，那個怪人突然朝他開口笑著，露出缺了兩顆門牙的模樣，讓阿海吃了一驚，趕緊收回游離的眼神。

叔叔帶著阿海再坐往艋舺的舢舨，淡水河河道兩邊山巒連綿，河水閃著亮晶晶的光，河面很平靜，一點也不駭人，阿海充滿新奇地看著這個和家鄉全然不同的新世界，河岸兩旁樹木繁茂、綠草茵茵，蟲鳴鳥叫不絕於耳，連叔叔都讚嘆道：「眞是一個肥沃又豐富的好所在！」阿海也深深的興奮著。

到了艋舺又是另一番繁華景象，商店連著商店，買東西的客人川流不息，路邊擺攤賣小吃、雜貨的生意也不差，阿海看得直流口水，叔叔在摩肩擦踵的人群中緊緊抓著阿海的手，生怕稍不留神，兩人走丟了。叔叔好不容易找到遠親做事的地方——金順吉商行，問了門店門口的夥計，不久找來了周帳房，周帳房露出爲難的臉色，把他們兩個拉到一旁，責問道：「你們眞不懂規矩，以後來這兒要走後門，清楚嗎？若是被老闆看到還以爲是哪兒來的叫花子。」說完嫌棄的捂著鼻子。叔叔尷尬的陪笑著，並拿出一包銀子塞到他手上，周帳房才化開冰冷的臉色，換了一張溫和的表情說：「算你們走運，最近大料崁在召募漳州人去開墾，你們先找個地方吃飽、洗個澡，明天再帶你們去找事。」

窩在亭仔腳一夜，第二天一早，兩人趕緊去找金順吉商行的後門，問了半天轉了幾圈才找著。原來商行的後門面對著河，船運到的貨品直接送進商行，十分便利。他們等了好一會兒，周帳房進進出出好幾次，但是

•早期的漢人移民，非常眷戀大陸家鄉的事物，不管地名、住宅、爲生方式，都與原鄉有著密切的關係。

來自福建的移民希望福建人興盛，很多地名叫福興、福隆，而廣東省移民也希望廣東人興盛，所以叫做廣興、廣福等。

泉州人離鄉背井謀求生活的風氣很盛，喜歡靠海爲生，過著行船買賣、工匠、魚撈、養殖、曬鹽的生活，住的地方也選擇濱海地區。漳

（接下頁）

（接上頁）
州人則遵循大陸原鄉的風氣，在內陸地區以農作爲主要生活方式。
客家人的原鄉在山地丘陵區，他們擅長山地耕種技術，因此落脚處大都是連綿山丘地。

都沒空理他們，好不容易等他空了下來，日頭已經高掛正中，周帳房慢吞吞的走來，帶他們出去。

他們來到橋下一處空地，有許多人已經等在那兒，大都是一些找事的羅漢腳，他們各個身強體壯，一副逞兇好鬥的模樣。周帳房警告道：「別招惹他們，這些流氓專找麻煩，不好好幹些正經事，成天只想打架鬧事。」叔叔趕緊低下頭不去瞧他們，阿海充滿好奇的東張西望。不一會兒，有個高大的男人高喊著：「想到大嵙崁的人到這兒來。」周帳房立即催促他們往前，那個人看看老實的叔叔還算結實，就點了點頭，又問阿海幾歲？叔叔搶著答道：「十五歲啦！他能吃能做事，也很懂事。」叔叔虛報了兩歲，那個人猶豫地考慮著，周帳房立即補充道：「這孩子手腳伶俐又老實，放在宅裡使喚，跑腿、送信都不成問題。」那個人勉強點點頭。

告別了艋舺，阿海又坐上小舢舨往內地去，他們越走越荒涼，河道兩岸少有人家，船上的人挨著人，但大家都沈默著。突然前面的船警告著：「小心！有番人。」「趴下，趴下。」叔叔和阿海大氣都不敢喘，緊緊的抓住了船緣，頭低得不能再低。「這些高山番不知道是不是又想來割人頭啦！」叔叔不自覺地抱緊了頭，微微的顫抖著，阿海好奇的輕輕抬起頭來，只看見樹林裡有人影晃動，但距離稍遠看不清晰，叔叔趕緊伸手將他的頭往下壓。大家提心吊膽的警戒著，好一陣子不敢鬆懈，船急急的向上划去，日落時終於靠岸。

阿海看見岸上是一片樹林，沒半間屋子，心裡納悶：「這裡就是我們要開墾的地方？」帶頭的順仔吆喝著：「大家穿過樹林往上走，就到工寮了。」大夥兒爬上一處高崖後，果然眼前出現一排竹子搭建的簡陋工寮，裡面擠了上百的人，叔叔和阿海擠在一個小位子上，木板的地鋪就是床鋪了。不一會有人喊著：「吃飯囉！」一個男人端來兩大鍋稀粥，一人發下一個破碗，盛飯時有人罵道：「又是番薯粥，每天這樣半餓半飽，哪有力氣開墾？」叔叔和阿海從早到晚只吃這一頓，狼吞虎嚥的各吃了三大碗，心滿意足的上床睡覺。

天還未明，叔叔和阿海就被人搖醒，睡眼惺忪的吃了番薯粥後，有人把鐮刀、斧頭交給他們，帶往一處荒草蔓生、雜樹成林的高台平地，有人動手砍樹，有的割草。盛夏暑氣逼人，大家揮汗工作著，然而高過人頭的芒草銳利割人，密林中蚊蚋叢生，人被叮咬後滿身是包，還有兇猛的蜂蟻噬血。一整天工作下來，阿海滿身是傷，當天夜裡發起高燒，幸虧鄰鋪的老古摘了草藥讓他咀嚼，叔叔拔來刀傷草，磨成黏稠的漿汁塗抹傷口。

•早期大陸到台灣的交通設備極差，渡過黑水溝（台灣海峽）的移民，常出現十個人中「六死三在一回頭」的慘狀，再加上許多人不適應台灣早期森林沼澤、潮溼溫暖的瘴癘之氣，客死他鄉的人很多，移民們渡台安家立業後，必定建廟尋求心靈慰藉及寄託。

天亮又得開始一天辛苦的工作。

漫長的夏季跟著到來，天氣酷熱，環境異常潮溼，細菌特別容易孳生，加上荒野充滿繁茂的森林和險惡的沼澤，蚊蟲、病源四伏，開墾期間有人中暑，有人得了瘧疾，更多人下痢，拉肚子拉不停，沒兩天就死了，大家隨處挖個坑埋了屍體。叔叔感慨地搖搖頭說：「好不容易渡過險惡的黑水溝，沒想到會在這兒因爲拉肚子死掉。眞是可憐哪！」

這天，順仔一早挑了一群人上山去找水源，打算另闢一塊新地，大夥兒拿著柴刀、斧頭準備往深山去。出發前背著火繩槍的順仔警告：「大家要小心，深山裡生番四處神出鬼沒，很難預防，一不小心會被割頭。」找水的隊伍前前後後都有人帶著槍出發。荒草漫漫的山上根本沒路，沿途他們邊走邊砍草前進。森林的樹木高大粗壯，林下蕨類、野草密生，一種蘭花攀附在樹幹上盛開著，散發著淡淡的幽香。阿海抬頭看著一株大紅檜，筆直的樹幹向上不斷的延伸，彷若是一個奇特的大巨人，張開寬闊的臂膀遮住炙熱的火球，雖然是正中午，林子裡卻格外陰涼。

他們不斷的往上坡爬去，突然順仔聽到潺潺水聲，大家朝著他手指的方向循聲找去，果然找到溪水源頭，順仔要大家分頭砍竹子、接水。正當大家忙著時，就在水源上方，十五、六個泰雅族勇士正監視著這一群入侵族人獵場的漢人，虎視眈眈的想找機會偷襲他們。其中一名勇士向其他人示意，漢人人數太多，要等到他們疲累時才採取行動。工作中的阿海和叔叔，則渾然不知危機四伏。

砍下的竹子剖開成兩半，頭尾相接成長長的水道，順仔一直催促大家加快動作。日頭偏西了，大家才停下工作準備打道回工寮，叔叔心想：「有了水，種稻穀的日子近了，半年後就有白米飯吃了。」他還沒想完，突然眼前射來一支箭，正中胸口，他感到一陣劇痛，本能地尖叫並抓住那支箭，阿海聽到叔叔慘叫，立即抱頭蹲踞下來，耳邊聽到的是工作同伴驚慌的喊叫與步伐聲，這時槍聲大作，飛箭咻咻地四射，到處是哀嚎哭喊聲，奔跑逃竄的人相互踩踏，場面十分混亂。漸漸地，槍聲、箭雨停下，等到阿海再抬頭，叔叔已經躺在一片血泊中，眼睛睁得大大的斷氣了。

阿海哭得死去活來，久久無法相信叔叔已死，他抱著屍體大吼大叫，但是再也搖不醒死去的叔叔。順仔清點人數，一共死了九個人，其中三人被割去人頭，受傷的也有二十多人，大家挖了一個大坑埋了屍體，扶著受傷的同伴回工寮去。開墾的工作停頓下來。

阿海垂頭喪氣的回到工寮，從此刻開始，他變成了孤苦無依的孤兒，當初滿懷著到台灣過好日子的美夢，似乎離他十分遙遠了。

傷心的阿海不願再留在大嵙崁，他回到艋舺去找周帳房，正巧金順吉商行需要人手，周帳房把他留下做跑腿。阿海每天早出晚歸到處送貨，或幫店夥計清理店裡的灰塵，掃地、洗衣，有時還到廚房幫忙。他沒有支薪，每天只圖個三餐溫飽，卻必須從早忙到晚，沒有一刻休息，若是偷懶或貪睡，還少不了一頓打。日子雖然過得忙碌辛苦，但是想起在大嵙崁的危機四伏，和那些三餐吃地瓜粥的日子，阿海覺得自己已經很走運了。

整天待在店裡忙得團團轉，阿海最渴望的就是能出外送貨。這一天，正巧夥計阿興有事，要阿海送貨到有

錢財主的大宅去，阿海仔細地清點貨品，包括五袋燻魚、十斤大豆、兩包麵粉、十盒菸和八盒鴉片膏，小心翼翼地搬上手推車出發了。走出鱗次櫛比的商店市街，阿海看著波光粼粼的淡水河，勤奮的婦女一早在溪邊洗衣，河面上有人乘著竹筏放網捉魚，一幅祥和安靜的景象。再往前走，沿著淡水河堤，有一堆堆的木料相疊，河岸邊出現一間紅磚四合院，阿海心想：「這兒大概就是艋舺最大木料行主人的黃家大宅吧！」

大厝前有個孩子在玩踢石子，看到阿海向屋裡喊道：「管家，有人送貨來了。」管家開了門出來，領著搬貨的阿海進屋去，走過穿堂到了側邊的廚房，微胖的廚娘一一清點完畢，要求阿海幫忙把東西搬到閣樓上的倉庫。阿海搬東西時，瞧見另一間房，有人躺在一張長椅上吞雲吐霧，他不敢多看。東西搬完後，廚娘給了他兩個銅錢說道：「謝謝你的幫忙，這兩個銅錢給你買東西吃，千萬別讓阿興知道，否則他又會藏到自己口袋裡。」阿海猛點頭，口裡不斷稱謝。

阿海一直想嚐一嚐那種紅紅、亮亮，包著糖的紅葫蘆，今天終於如願了。他飛也似地拉著空車跑到市街去買，拿著紅葫蘆捨不得一口咬下，輕輕的舔著糖衣，品嚐著天下的美味，一種從未有過的幸福感襲上阿海的心頭，胸口暖呼呼的。阿海這才得閒的瀏覽著熱鬧的街頭，這兒充滿各種商店，有賣來自唐山南北貨的，有賣歐洲進口衣料綢緞的，還有賣日本陶瓷碗盤的，也有東南亞的各種香料。各種小吃攤前人來人往，阿海現在分清了哪些人是缺齒、戴耳環的平地番，哪些是很會做生意的泉州人，和口音不同的漳州人，另外也有少數穿唐衫，種田為生的客家人。

• 閩南人與行郊：台灣是海島型經濟，十分需要對外貿易，閩南人擅長造船航行，所以在台灣經營商業起步很早。行是批發商，郊是行的同業組織，猶如今日的商業同業公會。

歲月如梭，七、八年過去了，阿海已經是個身強體壯的年輕人，阿海因爲表現得不錯，擢升爲阿興的助手，跟著學習買賣的技巧，很快就得心應手。這一天金老闆請尾牙，所有店裡的人全到大飯館去吃飯。華燈初上的時刻，燈火輝煌，映照得如白晝一般，人車川流不息，阿海刻意梳洗一番，早早就到了門口等著。金老闆坐著轎子姍姍來遲，這時有一位穿官服的官吏下轎，身旁站了一個金髮碧眼的洋人，連老闆都出來迎接，其他的轎子則迴避一旁，阿興不屑的哼道：「這些無能的官差只會欺壓百姓，又是來白吃白喝，還有銀兩拿。」

進了大廳，只見珠簾垂掛，煤油燈照得滿室通亮，他們被引進廂房入座，漆花的桌椅、木雕的椅子，大家圍著圓桌坐下，阿興和阿海坐到隔桌，和一群船夫、搬工同桌。吃菜喝酒後，大家輕鬆的聊開了，船老大提

•郊又分為內、外郊，內郊是指做島內貿易，外郊是指對外貿易。外郊把貨品輸入台灣，由行再分售給零售店，一般人就到零售店裡買賣物品，清代台灣有三大港市：台南、鹿港、艋舺，而台南有南、北郊，鹿港有泉、廈郊，艋舺則有泉、北郊，後來隨著商業發展，特定貨品的需求量增加，而有了糖郊、布郊、藥郊等，這些進出口代理商可以操控貨物價格。

到：「最近靠在滬尾（淡水）的洋輪跑得眞快，我們的戎克船根本跟不上。」阿興點了點頭也說道：「進口洋貨本來就好賣，加上他們又從大嵙崁一帶煉了大量的樟腦，賺了不少銀兩。現在又有洋輪的利器，這麼一來，他們不是獨霸市場。」阿海緊張的問道：「大嵙崁不是有很多生番，洋人不怕嗎？」阿興答道：「生番雖然可怕，但是想發財的漢人更多，那些身強體壯的羅漢腳根本不怕死，靠著強大火力和生番打仗，早占了優勢。」船老大接著問：「聽說他們有人試種由唐山來的茶，說不定會成功呢！」阿興輕鬆的笑一笑道：「種茶？那一定得用漢人，等他們成功了我們再模仿著種，鐵定能取代他們，賺進大筆的財富。」

吃到一半時，有個老漢帶著三弦琴和一個清秀的養女來唱曲兒。金老闆點了曲後就躺上長椅抽起鴉片，周

•漢人移民台灣初期男多女少，女子十分珍貴，但到了土地開發的尾聲，人口曰漸增多，天災加上人爲動亂，一般百姓生活壓力沈重，因此女子的價值降低，而有了養女、養媳的收養或買賣風氣。一般養不起的女兒，在一出生或幼兒時期，就送給別人扶養或賣給他人，這些女子有些受到寵愛，也有些被養父母虐待，長大後可能嫁給養兒或別人，後來這種習俗因爲經濟環境大爲改善而消失。

帳房在一邊提著水菸袋呼嚕呼嚕的抽著，頓時房間裡飄起了雲霧，阿海這才明白從前在黃家大宅瞧見的正是鴉片煙。阿海大口大口的吃著山珍海味，耳聽著美妙的樂音，這一會兒他有置身天堂的飄飄然感。

阿海彷彿看到太平的日子，很近又很遙遠。

客家人

客家人約占台灣人口的六分之一，他們從大陸廣東家鄉移民台灣，人數遠比閩南人少，他們選擇開墾比較偏僻的地區，例如丘陵地和山區，這些地點危機四伏，但是客家人以刻苦耐勞和儉樸的精神克服困境，落地生根。

・台灣世居的人口當中，客家人約占六分之一。被稱爲福佬人的福建泉州人和漳州人約占五分之四，而苗栗縣的世居人口幾乎全是客家人。新竹、桃園、花蓮等三縣，客家人約占半數，高雄、屏東、台東和台中縣也有不少客家村莊。客家人喜稱自己住的地方叫屋，例如新屋、宋屋等，有別於閩南人的村莊叫厝寮，例如新厝、蘇寮等。

「聽說海的另一邊有個地方叫台灣，那兒土地肥沃、人口稀少，可開墾的土地滿山遍野，只要肯努力，人人都能擁有財富。」鐵民站在街頭聽人說著：「不過我也聽說清朝政府嚴禁無照偷渡，但是因爲生活比較好過，偷偷去那兒開墾的福建閩南人很多，連廣東的鄉親也拚了命想賭運氣，偷渡到台灣的人越來越多。」鐵民聽了很心動。回家的路上他考慮了很久，心中一直縈繞著剛才的念頭，但是現實裡他得考慮年事已高的雙親，還有年輕的妻子和幼小的兒女，不過不出外打拚，一大家子的生活重擔，壓得他實在喘不過氣來。

幾年過去，家中又添了兩個小孩，一共有十張口等著吃飯，單單靠鐵民的妻子君妹耕種微薄的幾分田，以及鐵民和弟弟鐵雄到鄰村打工，養活一家人更是備感辛勞。父親過世後，鐵民和弟弟商量著到台灣去打零工，鐵雄十分贊成說：「在這兒半餓半飽，不如出外試試看。太好了！哥哥，我去找堂哥他們商量，大家作伴一塊兒去，也可以互相照應。你去找老人家商量看看。」

鐵民詢問母親的意見，老人家憂心路途遙遠，但經過鐵民婉轉勸說終於答應。他興高采烈的去告訴妻子，君妹擔心的說：「聽說黑水溝險惡，飄洋過海十個人六死一回，十分危險。」鐵民安慰的說：「那是早期，現在不同啦！很多人都平安的來來回回好多趟，一點兒也不危險。只是我們兩人一走，家裡只剩你們女人家，又要種田，又要照料家庭，督促孩子，將來的生活會更辛苦。」君妹充滿自信且識大體的說：「這些不算什麼苦，左鄰右舍都是親人，大家會互相幫忙田裡的工作，再艱苦我也能撐下去，你放心去吧！如果台灣那邊沒法過日子，你們一定要趕緊回來，免得我們掛心。」鐵民

•客家人是因中原漢人面臨五胡亂華、黃巢之亂、遼金入侵北宋，爾後又有蒙古人南侵，以致節節向南退，退居到廣東、福建一帶，而客家名稱的由來，是出自晉元帝「給客制度」的詔書。移民到台灣的客家人以嘉應州、潮州、惠州人爲主，也有少數的汀州人。

・西元一六八三年，清朝採消極的政策統治台灣，唯恐台灣成爲盜賊發源地，而成爲反清復明人士的根據地，因此管制人民往來。第二年，因攻台有功的施琅將軍建議，取消出海禁令，允許捕魚，但仍然嚴格管制人民兩岸通行。直到同治十三年（西元一七二一年），欽差大臣沈葆楨來台辦理防禦事務，招徠漢人開墾山林，執行了一百九十餘年的渡海禁令才解除。

答道：「這你不必操心，台灣那一頭也有同鄉人，大家會互相照顧。如果一切順利的話，也許今年春天走，秋冬之交就回來了。」

鐵民和鐵雄兩人搭上走私船航向台灣，一船的人都是惠州同鄉鄉親，大家以客語相互聊著今年的收成和兒女讀書的家常，有人談起到南洋發展的鄉人：「我聽到南洋做生意的遠房親戚說，有人很成功地在那兒另外成家立業，但是失意潦倒、客死異鄉的也大有人在。」「雖然成功的機會不見得多，但是像我們這樣出外冒險，總比待在原鄉有希望，這一趟到台灣，我們一定會成功的。」鐵民堂哥充滿信心，高亢的談著。船直駛向東南方的台灣西部，一路平安到達竹塹港。

摸上了岸，由相識的鄉親帶著到了竹塹，鐵民看到四處都是講閩南話的行人和商家，男人留著長辮子，穿著清朝樣式的短衫、長褲，和穿唐裝的自己大不相同；閩南女人則穿裙衫，在後腦結髮，裹著小腳，和家鄉穿藍衫、梳高髻，有著一雙大腳丫的婦人也不同，來往的人中也有一些平埔仔。大夥兒找上同鄉的開墾大隊，它是由政府出資的，正在找閩南人和客家人一同到偏遠的山區開發。

鐵民兄弟和鄉親翻山越嶺、跋山涉水，沿途設下要隘，防止泰雅族和賽夏族侵入，終於抵達了山丘地間的平原，這兒是一般人不願意涉足的地點，叢林猛獸和蚊蟲、病源肆虐，再加上山上的刺青原住民特別剽悍兇猛，不時會出現，日子眞是苦不堪言。他們一落腳，馬上以刺竹包圍草寮四周，宛如圍成竹林城堡。即使處在這樣惡劣的環境，兩兄弟並沒有被擊倒，但是開墾的工作比預期中困難，該年秋冬他們無法回家探親，連著

三、四年全心投入開闢山林的行列。

他們在草寮附近找水源接水使用，出外耕種時先放砲集合。由於耕田是陡斜的山坡地，必須先闢成梯田才能種水稻，而山區遼闊，大家分散開容易受到襲擊，往往十個人出外，只剩五、六個鄉親回來。幸好團結的鄉親相互砥礪，生病時相互照料，工作時互相幫忙，一一克服艱困的生活條件。

稍有錢的客家鄉親，先向閩南人承租土地當佃農，大多數人都像鐵民兄弟被小佃農雇用當長工，他們胼手胝足的開墾，化叢林爲良田，到了第五年秋收之後，終於攢存下些許的錢，坐船回惠州家鄉和家人團聚，鐵民和鐵雄也回鄉探親。

做了十多年的長工，鐵民兄弟存了錢向地主承租一塊丘陵地，當起了小佃農。因爲旱地貧瘠，除了留一小塊種米和青菜外，也嘗試種了茶樹，茶樹種下必須要五年後才能採收，鐵民兩兄弟這一段時間仍出外打工。

打零工的日子，除了幫人種田，有時還必須組成隘勇隊對付來侵犯的山地原住民。一天，輪到鐵民擔任隘寮的哨丁，突然看到有人影在茅草間忽隱忽現，草堆裡還出現鐵器反射的光影。鐵民嚇得一身冷汗，急急敲起響鐘，警告村莊裡的人，大家立刻拿起了槍和鋤頭應戰，不一會兒，果然出現了幾個強壯的刺青泰雅族人。這時隘勇隊的隊長站了出來，一場戰爭一觸即發。正當雙方對峙、緊張萬分的時刻，卻見幾個人從山下匆匆地趕來，並帶了一大捆布和兩包鹽，爲首的人急急地高喊著：「別打！別打！你們快住手，他們不是來打仗的。」那個名叫來義的鄉親，立即拿出了貨物，和爲首的泰雅族人講了一些話，並將貨物交給他們，泰雅族人

•三山國王廟是客家人祭拜的家鄉神明，供奉著三座山神——獨山、明山、巾山；獨山、明山、巾山是廣東潮州府的三座山，人格化後被視爲山神，因爲客家人居住山區，自然崇拜山神，這是獨特的宗教信仰，與福建閩南人有別。

• 械鬥種類大致分爲：閩粵械鬥、漳泉械鬥、異姓械鬥、職業團體械鬥，在清廷治理二百一十三年期間，集體械鬥發生頻繁。械鬥造成社會不安、經濟破壞、人口遷徙、文化衰退、廟宇房屋受到波及，阻礙各種建設與發展，對社會是十分負面的影響。

長嘯一聲，樹林裡又出現了幾個族人，背著鹿角、熊皮和一些用山芋葉包起來的東西，他們把東西放下後才一一離去。

來義鬆了一口氣解釋道：「我們和這一群高山番講好，以後大家不打仗了，他們需要的一些生活用品，例如火繩槍、火藥、布、鹽和銅銀首飾，我們可以到山下向閩南人購買，他們就拿一些山產來交換。」來義一邊說一邊打開藤條綁好的芋葉，裡面放了生薑和一些鹿肉。鐵雄輕鬆地說道：「這樣一來，我們就不必擔心受怕啦！也不必站哨了。」來義正色道：「這可不行，這些番人雖然和我們生意往來，但是他們出草割人頭的習俗不知是否已經改變，所以你們千萬不能大意。」但是自從鄉親想出和泰雅族和睦相處的方式後，雙方的衝突和糾紛就少多了。

•由於清朝政府一直對台灣採取放任政策，所以閩南人與客家人的早期移民之間爲了爭土地、爭水，常拿武器相打。尤其移民中男多女少，年輕男人血氣方剛，一言不和就拳頭相向。

能言善道、有生意頭腦的來義，後來娶了泰雅族的女子，做起了開採樟腦的生意。鐵民兩兄弟也到他的工寮採樟腦，一棵棵上百年的大樟樹林立在深山，他們用簡陋的刮刀割樹皮，讓樹汁流出來，集成一桶後放進工寮內加熱。森林裡蚊蠅蟲蚋孳生，工作環境極差，兩兄弟辛苦的工作只賺取微薄的工資，卻不知道來義靠著這些山裡的產物發了大財，又因雄厚的家產捐了一個官做，利用職權和財力，來義成爲新埔地方的仕紳大家族，一方面繼續獨家壟斷樟腦的生意，一方面興建了義民廟和義學，讓客家鄉親的下一代有書可讀。

客家生活

剛到台灣的客家人生活艱苦，男人們離鄉背井四處打工，女人們擔起一家人生活的重擔，她們不但得料理家務，還要下田耕種。客家人的耕讀和堅持傳統的原鄉生活方式，形成獨特的客家文化。

在北埔的山陵地落腳後，勤勤儉儉的存了十多年的積蓄，鐵民打算蓋一間永久居住的房子。利用工作空間的時間，他邀請鄉親幫忙建立一間圍龍三合院，中間是院子，所有的房門、窗戶都向院子開，另一邊則是封閉的，正門大門口面對的是高大的圍牆，全部的設計都是爲了防範外來的侵襲。他們花了兩、三年才陸續完工。鐵民費了很大的心力，才把母親和妻兒接來台灣。

大屋落成是家族的大喜事，勤儉的母親要君妹打糍粑慶賀。打糍粑是一件隆重的事，君妹把糯米先放到大灶蒸熟，放在石臼上槌打，叫兩個大孩子踩著木槌輪流上下打，君妹在一旁翻轉著糯米糰，打得黏稠有彈性就算大功告成，然後再放進紅色染料，就成了喜事專用的獨特美食——紅糍粑。孩子們搶著在桌邊等著，都想嚐一嚐難得吃到的美味，年紀最小的阿坤被擠到後邊，大孩子笑著說：「看啊！阿坤等不及，流了滿地的口水，眞像餓死鬼。」

鐵民忙著請鄉親老秀才爲新落成的門庭寫對聯，老秀才毫不思索地在上聯寫著：「一等人忠臣孝子」，下聯則寫著：「兩件事讀書耕田」，正廳橫幅則寫上「耕讀居」，鐵民十分清楚自己無法讀書做官，但是一定要讓孩子們能讀書識字，那是一件重大的責任。貼上對聯的三合院顯得喜氣洋洋，廳堂擺上供奉祖先的「阿公婆牌」和神明，神桌下方則供奉了掌管土地的「龍神」。母親和君妹準備十多道家鄉菜餚，包括了香噴噴的醃鹹肉、薑絲炒豬腸、筍乾鹹魚、各式醬菜湯等，豐盛的擺滿一整桌。鐵民帶領著一家大小舉行盛大的祭拜祖先儀式，大家高高興興的吃著團圓飯。君妹分送紅粄粑到各家各戶，讓鄉親共享喜氣。

•客家人愛唱山歌，傳說有個女子叫劉三妹，是最先造歌的人，能吟詩作對、唱山歌，十天半個月也唱不完，她很自負地說：「唱山歌，有人能夠贏過我便嫁給他。」羅隱是個落第的秀才，聽了這個消息，用九條船載著山歌書去找劉三妹比賽，他自信滿滿，認爲自己必可取勝。船行到劉三妹的屋前，他看見一個女人到河邊挑水，便向她問路並說明來意，口氣不小，女人不屑

（接下頁）

房子落成後，生活較安定，鐵民送孩子到義學，學些千家詩、百家姓和四書五經，期盼日後高中科舉，能謀得一官半職，脫離苦日子。同時他也積極地爲四十三歲的鐵雄物色成親的對象，但是移民裡大都是單身的男子，客家女孩子不容易找，許多當初一起來打拼的鄉親，落得年老無妻無子嗣，孤單過一生。鐵民四處打探都沒有下落，媒婆刻薄地說：「要找個客家姑娘要花一大筆錢，要不然就去給人入贅。」鐵雄堅持獨身也不肯入贅，事情又耽擱了下來。

君妹聽說有個幫人採茶，年輕又能幹的姑娘叫愛嬌，長得雖然很普通，卻能唱出一曲曲動人的山歌，愛慕她的男人一籮筐，但她不輕易答應。常常有人等在茶山腳下偷聽她唱歌，有大膽的人找她對唱，十之八九都吃了閉門羹。愛嬌最常掛在嘴邊唱的歌謠是：「山歌愛

（接上頁）

的問道：「先生，你有多少山歌？」羅隱得意的說：「共有九條船山歌，三船在省城、三船在韶州、三船已撐到河邊。」那女人冷冷地說：「你回去吧！你不是三妹的對手。」突然她開口唱：「石上劉三妹，路上羅秀才，人人山歌肚裡出，哪有山歌船撐來？」原來她正是劉三妹，羅秀才翻遍船上的書，一句也對不出來，只好知難而退，打道回府。

唱莫怕羞，開眉笑顏見朋友；山歌唔係自造介，自古傳來天下有。」有人問她，山歌有什麼好處，她會回答道：「講到唱歌妹就來，唱到大家心花開；唱到鵝毛沈落水，唱到石子飄起來。」愛嬌的山歌受到其他採茶姑娘的喜愛，大家學著傳唱了起來，一時之間，茶山裡常有樂音響起，讓山裡的人心曠神怡，遠近的人都聞知有個會唱山歌的愛嬌姑娘。

君妹也聽說了，她猜想愛嬌一定是想找一個欣賞自己歌聲，接受自己興趣的如意郎，她極力慫恿鐵民帶著鐵雄到茶山去聽一聽。他們倆勉強地上山去，鐵雄果然十分中意，之後他常單獨上山聽愛嬌唱歌。識字的鐵雄有時還偷偷遞上紙條，寫一些簡單的歌謠讓她唱，兩人情投意合，後來順理成章的談起婚事，愛嬌的父母愼重的張羅婚禮，把嫁女兒看得和娶媳婦一般重要，熱熱鬧鬧的爲他們辦了一場風風光光的中原傳統婚禮。

婚禮當天，新人都穿上禮服，新娘愛嬌先祭祖拜別父母，然後趕在中午前上轎，在客家八音的樂音中，熱鬧的進入耕讀居，然後就是宴客。第三天，愛嬌和鐵雄雙雙回門作客，但是依古禮，愛嬌必須走在前，鐵雄跟在她後面，兩人相距四、五十步。愛嬌帶著雞腿、粄糕作爲「伴手」，他們受到父母和姊妹們的歡迎，在家吃了豐盛的一餐，聊聊新家的點滴。在離開家前，父親訓道：「愛嬌，你現在做人妻子要孝敬父母、尊敬丈夫，將來要愛惜子女。」母親則苦口婆心地勸告道：「是啊！除了那些，一個好妻子要有六種好德行，就是柔順、清潔、不妒、儉約、恭謹、勤勞，你要牢牢的記住。」趕在傍晚炊煙未起之前，兩個新人離去走回家。

婚後小倆口同住在三合院加蓋的小房間，男人們依

舊四處去打工，愛嬌和君妹分攤大家族的家事，天未亮就起床出外挑水，把一天的用水的水缸裝滿，然後到小溪邊洗衣裳。愛嬌仍習慣一邊做事一邊哼著歌，順便摘些野草、野菜回去餵雞鴨，洗完衣裳回到廚房，幫忙大嫂做早飯，通常三餐都吃粥，但細心的君妹會熬出稀粥、稠粥、爽粥和地瓜粥、菜粥等花樣，配菜通常是各種醬菜，有酸菜、覆菜、醬瓜和筍乾。大家吃完飯，孩子們洗碗筷，君妹和愛嬌結伴去田裡做事。

她們有時整理菜園和農田，鋤草、挑糞、澆肥，有時看管果樹，大多數的時間都放在茶田採茶。茶葉一年二收，農忙時節從早到晚都得做事，還要出動全家人來幫忙，大家戴上斗笠，腰上掛著竹編的小茶籠，用手一株株地採著茶青，手腳靈活的君妹和愛嬌，半天就能採二十斤，愛嬌邊採著茶青邊唱山歌，歌聲在開闊的山間

•客家人由中原逃難，爲了防備元朝士兵的追捕，傳統的男人不敢出外耕種，大都待在家中讀書或學手藝，負責撫育子女或烹飪的工作，否則就是到外地經商。因此女人負起耕種、搬運、勞動的工作，客家婦女勤勞儉約的美德，常受到文學作家的稱頌。

迴盪，回聲美妙動人，連君妹也自然而然的學著哼了起來。

做完田裡的事，通常已是日落時分，愛嬌和家人回到家後，立刻又得燒火煮飯，夜晚還點上煤油燈來切豬菜、煮豬食。君妹則在大廳一邊補衣裳，一邊督促孩子背誦經文。一年到頭操勞家事和田裡的事，只有過年節時，鐵民和鐵雄才能回家探探，日子雖然艱苦，但愛嬌一點也沒抱怨，不久也懷了孕。婆婆和大嫂特意做了一些菜爲她進補，高齡的婆婆又興奮又忙碌，不幸的是，婆婆不久便撒手人寰。鐵民兩兄弟趕回家爲她送喪，他們請了一個地理師去看風水，看上了一處叫「水鹿鳴坑」的好墓穴，花了大把銀子買墓地和辦喪事。

孩子出生後，愛嬌背著她操勞家事，下田耕作，君妹爲了籌措兒女的學費，幫人做挑夫，從這一山的客庄挑著貨物送到另一山的客庄，辛辛苦苦的勉強賺到一點點的路費。愛嬌一個人擔起了一大家子的家務重擔，但她從來不怨天尤人，安安分分、克勤克儉的做好每一件事。

家中經濟好轉，日子比較好過，鐵民和鐵雄不需再外出打工，每到了農曆七月二十日，新埔義民廟會舉辦神豬大賽，這是附近幾個客家庄的大事。鐵民到廟裡幫忙處理祭拜事宜，鐵雄忙著殺豬拔毛，整理得乾乾淨淨，準備參加比賽，愛嬌和君妹可有得忙了，她們打糍粑、做粄條、殺雞殺鴨，準備祭品。家家戶戶忙得不可開交，年輕人練習吹打八音，女孩子拉嗓練山歌，誰都想在酬神戲台上一展身手，贏得衆人的喝彩和掌聲。

廟會當天，參與神豬比賽的人，把琳琅滿目的祭品連同豬公挑到廟前，一隻比一隻肥壯的豬隻，排成一列

•康熙六十年（西元一七二一年）朱一貴標榜反清復明，不到十天的工夫，清朝的台灣統治權面臨挑戰。當時有近萬名客家人支援朱一貴，後來因爲勢力太大造成內訌而被削弱，許多人氣憤之下投靠清兵，組成六堆義軍協助圍剿朱軍。亂軍消滅後，被朝廷加封爲義民，犒賞立碑賜號、厚葬且建立祠堂，閩南人相對地被視爲亂民，兩族群的嫌隙加深，隨後全省各地常見閩、客械鬥。

互較高下，形成有趣又溫馨的畫面，各項表演讓場面熱鬧非凡。虔誠的後代子孫，爲了祭拜開墾土地、保國衛鄉的前人，把義民廟擠得水洩不通，這個習俗流傳到今天，一直沒有改變。

日本人

日本占領台灣五十年，實施多項專賣制度和嚴苛的徵稅，壓榨了不少台灣人的心血和物資，然而日本人在台灣也做了許多建設，改善人們的生活，促進了台灣的現代化。

•西元一八九五年日本占領台灣時，曾寬限兩年讓台灣居民選擇國籍，可以遷回中國，結果絕大多數人選擇留在台灣。台灣在日本統治下，一面被殖民化，一面近代化，腳步超過中國大陸，包括各項公共建設，鐵、公路修築，港口、機場、電台、郵局的設立，自來水管線的架設；醫院遍及全省，使得傳染病減少；廣設學校，因而入學率高達八成。

西元一八九五年，在台灣南部的鄉下，大家口耳相傳著：「聽說日本人打到台南了，以後台灣都歸日本人來管。」剛開始，一些憲兵軍隊占據官府重要的據點，人們的生活改變不多，後來日本警察接手地方事務，他們穿著筆挺的西式制服，佩著長刀和手槍，頭髮剪得短短的，和漢人的長辮子、寬鬆衣褲差異很大。日本警察先到村長家拜訪，要求家家戶戶要打掃環境，每一戶除了打掃自己的房子，還要兼顧左、右一家和對門的三家，最後還宣布：「以後要拆除家周圍的牆，讓門戶能自由進出，嚴禁隨地吐痰或擤鼻涕，走路時要靠左走，否則會受到重罰。」

桃花害怕受到處罰，每天一早起床就趕緊打掃門庭四處。左右的鄰居也個個照做，到了八點正，日本警察眞的出現，並挨家挨戶檢查。自私又懶惰的罔市只把門

•日本農村人口過剩、生活不易，有不少農民因爲財團招募而移居到台灣，廣布在台北州之外的三州，以花東一帶爲主，他們種植甘蔗、稻米，但後來因瘧疾流行等原因而失敗，有人回日本，有人淪爲車伕。爾後日本官方設立吉野村、豐田村、林田村等，開始以家庭爲單位移民來台灣，後來碰上旱災而失敗，但日式大和文化從此進入東部。自西元一九一○年到一九三六年，總共有

（接下頁）

口隨便掃掃，被日本警察痛罵道：「巴該野羅（王八蛋），你們這些清國奴只會偷懶。」還在門口貼上標誌。罔市嚇得第二天一早立刻打掃得乾乾淨淨。日本警察天天在庄頭庄尾走來走去，看到有人不守規矩，就嚴厲的臭罵一頓，還拿起鞭子當場鞭打，阿牛原本存著僥倖的心理，偷偷的想吐個痰，不料碰上警察大人，嚇得硬生生地吞了回去。

日本警察一點也沒放鬆懈，不久又叫大家不要種米改種甘蔗，他向種稻的農民宣布：「大家統統改種甘蔗，收成時日本公司會來收購，價錢比稻米還高。」家家戶戶開始改種甘蔗，日本公司派人來教導種甘蔗的技術，庄裡的大地主被迫要賣掉土地種甘蔗，他不肯賣，被日本警察毆打，還關在派出所好幾天。很多人心裡很不服氣，但是沒有人敢去找警察理論。

（接上頁）

十二批移民，總計是一千五百戶，有八千名日本農民移民台灣。

幾年後，村長挨家挨戶地勸說：「上面規定男人要剪掉長辮子，女人禁止纏足。」大家相互奔告、竊竊私語，沒有人願意剪掉辮子，後來由村長和地方仕紳帶頭到理髮師傅那兒，把辮子剪了。桃花回到家立刻把這件事告訴阿牛，阿牛本想：「躲在家裡不出門，過兩天可能就沒事了。」但一聽到有人眞的去剪了，阿牛的心涼了一大半，桃花勸道：「聽說連隔壁的阿良都去剪了，你可不要爲了頭髮惹火了警察大人，最後連頭都保不住，快去陳師傅那兒剪掉辮子吧！」桃花的恐嚇奏效，沒多久，阿牛也心不甘情不願的剪了長辮子。阿牛剪了辮子後，不開心了一陣子，但是後來發現洗頭髮和整理起來輕鬆多了，也漸漸習慣。

原本就沒纏足的桃花，依舊過著養雞、養豬的日子，阿牛不幫地主種稻改到糖廠工作，從早忙到晚，年

•隨著日本政權進入台灣的日本人，起初約有五萬人，爾後逐漸增加，最高多達四十萬人，這些人除了一部分是農民外，大多數是公務員，包括在政府機構工作的職員，還有教師和警察，其他則是財團或工廠的負責人，和從事自由業的人，而台灣人大多數是務農或做小生意，地位較日本人低，接受教育的政策也有差別待遇。

底還要繳各種稅，連一隻雞也不放過，各種菸、鴉片和鹽糖都成爲日本政府的專利，只有政府能賣，違法者會受到重罰。

漸漸地，村庄開始修馬路，路邊有了排水溝。有一天，日本警察帶了一個日本人到阿牛家，要求查戶口，登記家裡的人口、年齡、姓別和工作，阿牛畢恭畢敬的回答，那個人都記到本子裡。沒多久，警察送來一張紙，桃花看不懂，嚇得要命，找了識字的村長一問才知道，只是一張改變地名的通知單。

幾年後村庄裝了電線杆，有錢人家不再用煤氣燈或蠟燭，改用電燈，還接了自來水，打開水道頭（水龍頭）就有水嘩啦啦的流出來。桃花仍然習慣到河邊洗衣，到井邊打水，生活沒有太大的改變，但是四周的環境變得乾淨又整齊，夜晚家家戶戶都不關門，路上有人

•日本人在西元一九〇二年開始著手「理番政策」，要求山地原住民歸服日本殖民政策，不再殺人獵首以維持治安，並實施戶口調查，建立山地道路網與電信通路，派專管山地的警察五千六百人到六百處分駐所，二十四小時分三班勤務，警察除日本人外，也有原住民一千多人擔任助手。

另有醫療養所，派公醫診療，並設番童教育所一百七十所，讓六千餘名原住民小

（接下頁）

掉了東西也不會被撿走，連小偷、強盜都消失匿跡。尤其每年農曆初二回山裡的娘家，有火車坐，方便多了。

桃花往山裡走去，想到山上的原住民下山砍人頭的事，雖然減少了，但是並沒有絕跡，心裡仍然恐懼著。

日本人在全島的山區和平地交界處設立隘勇線，一般的日本人和漢人不得擅自進入，山地的樟腦、森林和礦產全由日本公司開採。最初日軍上山征討原住民，受到原住民強烈的反抗、攻擊，日軍死傷慘烈，後來改採較溫和的政策，訓練原住民當警察，成為警官的助手，而日本警官必須學習原住民語，才能直接溝通或傳達行政命令。

田中健三被分派到山區的原住民部落已有五年，剛開始，族人對他多少懷著敵意，但是時間久了，彼此互相熟悉，田中又娶了頭目的女兒，漸漸和族人之間比較

（接上頁）
孩接受教育。鼓勵原住民男人定地種水田，可擁有搶枝打獵，女人養蠶、養牛。同時還設立「番地」，作爲特別保護區，平地人（包括漢人與日本人）除非有特別許可，不得擅自越界進入，更不准占有或擁有山地。一般的原住民免稅，看病、讀書也免費。

親近。田中要求族裡的女人到家裡，向妻子學習養蠶，並鼓勵山坡地多種桑樹，利用山坡草原放養牛隻，牛隻迅速的增加。男人們學著固定在同一地點耕田，放棄傳統常常遷移的方式，起初族人懷疑這種改變會激怒祖靈作崇，後來田中請平地人教導族人使用牛來犁田，有人嘗試後效果良好，族人才跟著做。

田中看著族人男的耕田、女的養蠶織布，生活條件改善，他開始想著要讓族人的兒童開始上學，學習日語。田中到每一戶族人家裡遊說，但是沒人願意來學習，田中花了大半年宣導，開學當天只來了頭目的小兒子，其他的孩子都到山坡地去放牛。田中有些失望，倒是許多生病的人常來家裡要一些藥品，田中心想：「乾脆要他們讓孩子上學，才答應給他們藥品。」這一招果然見效，教育所多了五、六個孩子，開始牙牙學起日語。

幾年後，山地部落設置療養所，山下的醫生定時會到山上看診，族人以往不相信醫藥，都是靠巫師的法術治病，所以看病的人少之又少。有一次，族中一位長老肚子痛得要命，讓醫生看過吃了藥後，奇蹟似地痊癒了，後來相信醫生的人漸漸增多，連特別害羞的婦女都來找男醫生看病，這眞是一大突破。

族中的男人每到秋收季節後，都會帶著槍到山裡打野豬和鹿、羌等野獸。田中也鼓勵他們把多餘的山產由他統一買下，再賣到山下跟漢人換些日常用品。原住民依賴爲生的生活資源逐漸穩定，加上不用繳稅，生活條件大爲好轉。但是日本警察欺負、剝削原住民的事件也時有所聞，原住民獵人頭的習俗並未全然消失，兩者間的爭執、衝突，在各山區不時發生。部落的反抗事件不

•日本人對山地的理番政策也包括搜括政策，例如樟腦、礦產、森林的開發。他們在台灣各山區設立隘勇線，執行征討行動，並設下電流鐵絲網，鋪設地雷，殘酷的圍剿原住民及山地區域。

隘勇線政策失敗後，西元一九一〇年起的五年，開始征討東部、太魯閣原住民。一九三〇年，正當日本以爲理番政策十分順利時，卻發生了著名的霧社事件。

（接下頁）

停上演著，最著名的是西元一九三〇年發生的泰雅族「霧社事件」。

日本統治的最後八年，雷厲風行著皇民化運動，日本警察在大街小巷拘捕講台語的人，被捉到的人就掛上羞恥的狗牌。除了禁止說台語外，也廢除穿台灣服，大家外出做工、耕田，都改穿日本式的衣服、木屐，不過有很多人偷偷的把漢服穿在和服裡面。更令大多數人不服氣的是，命令漢人砍燒家中的祖先牌位和神佛像，強制大家到神社參拜，祈求日本攻打中國的戰爭得到勝利。

不只是這樣，所有戲院禁唱台灣民謠，禁演歌仔戲、布袋戲和傀儡戲。在戲院演出的演員都要穿上和服，講日本話，連配樂都必須用唱片放西樂，故事內容也規定和日本武士相關，連布袋戲的木偶演出也得照

（接上頁）

日本官員到霧社公學校，舉行日人小學生及原住民學童的運動會時，泰雅族馬赫坡社頭目莫那魯道，率六社青年三百人突擊與會的日人，並相繼攻擊派出所、官衙、宿舍等地，日人遇害一百三十二人，傷者二百一十五人，台灣人被誤殺者二人。他們殺死警察及家眷，搶奪槍械，放火燒屋舍，切斷電話線。日軍後來得知消息，由台中、台北、花蓮派警察

（接下頁）

（接上頁）

及軍隊進攻霧社，原住民因糧食被毀，最後很多婦女、小孩集體自殺。事後，泰雅族六社從原有的約一千四百人，僅剩下五百人。

辦。

台北市內著名的三線馬路，則是四通八達，市內公車來往行駛，鬧區到了華燈初上時，霓虹燈閃爍，熱鬧非凡。以前的大地主把地租給日本政府，拿了台灣事業公債參與投資工商金融業，搖身一變成爲商人。他們的孩子每天一早背著書包，到台灣人就讀的公學校上學，在學校裡要讀寫日語，還要練習日式禮儀。

日本老師教書仔細又嚴格，犯了錯都要挨鞭子，膽小內向的學生常吃苦頭。有一天，老師要求學生跪坐在地上，連續跪上十分鐘，還要假裝吃飯、作客的樣子，有一名學生跪得兩腳發痲，偷偷的斜放一邊，被老師發現，把他痛罵了一頓，嚇得其他人動也不敢動。

少數富商住的房子，也模仿日本和室的紙門、紙窗和榻榻米，外出時穿上木屐、和服，滿口講著日語，婦女在家學著茶道、插花、三絃琴、古箏等。他們也取了日本名字，男人叫新助、友吉，女人叫秋子、千代等，來往的客人都是日本政客、富商或權貴子弟。這段期間，願意配合改姓日本姓氏的人，可以領到較優厚的食物配給，就學、就業也有優待，但絕大多數的台灣人還是不願意改日本姓氏。

戰敗後，日本人要離開台灣，山區的警察要遣送回國，族人依依不捨，許多與部落女子結婚生子的，乾脆逃到深山藏匿，然而大多數的日本警察仍被遣送回去。

日本人統治台灣的五十年裡，留下不少公共建設，也搜括了無數的物資和金錢。更重要的是傳布了日本的大和文化，直到今日，台灣從山區原住民部落到各城鎮鄉村，會說日語的阿公、阿嬤大有人在，住日本和室，吃日本料理，唱日本歌，打劍道的人比比皆是。

•民國九年（西元一九二〇年），日本人希望台灣成為日本的土地，將行政區域改成和日本一樣，開始大規模改變地名，總共有一百多個地方的街、庄名被更改，許多地方改為日語讀音的發音，例如水返腳改為汐止，葫蘆墩稱豐原，打貓改為民雄，錫口改為松山等。

•石川欽一郎是台灣美術的啓蒙老師，在一九二二年，被聘請到台北師範學院負責台灣美術教育。曾留學英國，並在北京生活了幾年的石川，任教期間除了教課外，也組織了七星畫壇、台灣水彩畫會，學生包括了台灣早期本土畫家，有陳植棋、李石樵、李澤藩、葉火城、楊啓東、李梅樹、陳英聲、倪蔣懷和藍蔭鼎等，可謂是台灣西畫的祖師爺。

•台灣地處亞熱帶氣候，擁有豐富林相和森林資源，動物、鳥、昆蟲、植物繽紛多樣，吸引了不少日本學者投身山區進行研究和探討，而不同高山民族的奇風異俗也吸引了他們的注目，先後來台的有考古人類學者鳥居龍藏，人類學家森丑之助，昆蟲學家江崎悌三研究台灣蝴蝶，人類學家伊能嘉矩，博物學探險家鹿野忠雄等，他們留下了深入而完整的台灣資料。

•嘉南地區烏山頭水庫，是由日本工程師八田與一負責建造。畢業於東京帝大的八田與一，爲建設這個水庫傾注全副心力，頗受農民敬愛，後來二次大戰發生，他奉命前往東南亞地區指導，乘坐的船被美軍潛水艇擊沈殉職，八田夫人悲慟之餘，追隨丈夫，跳進他建造的水庫自殺。八田與一技師的銅像與夫婦兩人的墓碑，至今仍矗立在湖邊。

外省人

對於台灣原住民來說，歷史上先後來自中國大陸的移民都是外省人。不過，現在一般人所謂的外省人，是指日治時期結束後，追隨國民政府撤退來台的社會精英、成功的企業家、專業的技術人員、學生和軍民。像所有的台灣先後移民一樣，他們對台灣現代的發展也有很大的貢獻。

•隨著國民黨政權撤出大陸來台灣的外省人，以大陸沿海的省份：山東、江蘇、浙江、廣西、福建、廣東爲多，四川和湖南也有不少。這些外省族群大多數本來就是軍公教人員，因此就職政府及相關機構的情形十分普遍，有一群人因教育程度較佳，加上推行北京話占了優勢，所以他們任職教師、警察、法院、公家機構，這些人占了大多數。與早期的福建、廣東的農民移民（本文稱爲本省人）有所不同。

中共占領大陸，大批的國民政府軍隊和公務人員來到台灣，也有一些資本家帶著大批的機器和資金到台灣，以北京話爲準的「國語」運動，也積極的推動起來，台灣工業的發展慢慢有了起步。

在學校，外省老師要求：「所有的同學都要講『國語』，否則要掛牌子處罰，罰十次以上還得罰錢。」這把阿牛整慘了，罰站、打屁股成了一天的家常便飯，阿牛讀了幾天書後逃學不讀了，他媽媽就讓他在家裡幫忙家事，看顧牛兒，而阿牛的爸爸放棄了耕作，到外省人開的工廠做工。

外省人中有一大部分是軍人，他們有的因病、有的自願，大都依軍令榮譽退休，這些人爲了生活開始找事情做，但是他們沒有土地可以耕種養家，只能到城市街頭或各地工廠找事做，市街多了一些拉黃包車的外省

•民國四十三年一月二十三日韓戰停火，一萬四千名反共的軍人由韓國投奔來台，政府成立退輔會，專門照顧安置退除軍役的四十八萬名榮民，這些青壯年的榮民開發中部橫貫公路等。

榮民們開發台灣最險阻的山區，深入山地原住民的村落，娶了原住民女子，形成老夫少妻的婚姻型態，同時落居原住民土地，改變了原住民部落的生態。

人，也有人擺攤子賣早點，比較幸運的，找到開貨車搬貨的工作，但更多的人流落街頭，找不到事做。「聽說政府有一個單位叫退輔會，專門安置和訓練退除役的榮民，我們去申請看看。」李大鵬和同鄉的劉志高興匆匆的去了。配合政府以「農業發展經濟」而擬的「上山下海」計畫，有成千上萬的壯年榮民和榮工，紛紛在地質惡劣的海埔地、河川地、荒原、高山上，開始闢路、墾荒、畜牧。他們兩人被派往中部，要去開挖一條東西橫貫公路。

李大鵬和劉志高坐上一輛大卡車，同車都是打過仗的同袍，他們一下子就熱絡起來，相互聊起家鄉的事，車子爬上彎彎曲曲的山路，東晃西搖、蹣跚蛇行到高處，前車的榮公處人員下車來說：「到了！大家下車啦！」李大鵬一看，四處都是連綿的山頭，高奇嚴峻且四處裸露著堅硬岩塊，「要在這種地方挖路，簡直比登天還難！」劉志高搖頭嘆氣的說道，其他人也看傻了眼。榮工處的人發下了圓鍬、十字鎬、畚箕和炸藥，並且簡單的做了工程說明。膽大的李大鵬率先用十字鎬敲開大岩石，高聲的喊著：「上工啦！這個不比打仗難，死不了人的，大家加油吧！」其他人跟著也用圓鍬掘開山壁，大夥兒悶不吭聲的動工，誰也不再抱怨。

天氣時好時壞，有時他們得頂著酷熱的太陽挑土，雨天也沒停下鎚打山石的工作，到了夏天的颱風季節，整個山區如同砲彈區般，隨時有落石、坍方砸死開路人，工作異常的艱苦，死傷的消息天天都有。他們開挖了數個月，碰上大岩石，用現有的簡陋工具根本應付不了，當過爆破隊的李大鵬二話不說，喝了一大口酒壯膽後，就背起炸藥走進坑洞，埋好炸藥點燃引信，

「轟！」的一聲震響，岩石炸開，但是來不及逃生的李大鵬犧牲了，劉志高忍不住高聲哭喊：「李大哥！李大哥！」山洞被岩石填滿，連屍首都找不著，劉志高悲從中來，大哭了起來，哭完後擦乾了淚，繼續挖石、挑土的工作，開路的工程是絲毫不能耽擱的。

工程進度十分緩慢，不時傳出有人掉下山谷摔死，而被坍方落石擊中的事故也時時發生。最嚴重的一次，是半夜發生山崩落石，擊中一間住了三十個人的工寮，工寮整個被山石吞沒，沒有一個人逃出來。殉職的同袍都被埋在一塊兒，到了七月半祭鬼，劉志高看到越來越多的牌位，不覺心酸又難過，只好藉酒消愁。然而工程照常進行，花費了三年多，犧牲無數榮民的生命，一條橫貫台灣中部的公路終於完工了。

之後，無數的榮民又投入南橫公路的開闢、曾文水

•隨政府來台的一群年輕外省技術官員，運用美援，扶植帶著機器從大陸來台的企業家及本地企業家，開始發展進口替代工業，尤其奠定紡織、石化和家電等輕工業的基礎。加上兩岸無戰爭，台灣全力發展經濟，農民變工人，民國五十四年到六十三年，各地相繼成立加工出口區，吸引外資、賺取外匯。民國五十七年開始，實施九年義務教育，提高人民的素質。另外，國家工業也

（接下頁）

庫的興建，爾後的十項建設、十四項建設，全都是榮民赤手空拳、流血流汗的成果。

劉志高和倖存的友人老張，在中橫公路工程結束後，決定留在花蓮的原住民部落開闢農場。劉志高爬上無人的荒地，放眼望去是一大片比手指粗厚，比房頂還高的芒草，除了原住民放牧的牛外，整片荒山什麼都沒有。他們兩個著手清理芒草，鋤草時手一拉就是一道傷口，割完草時全身上下無一處完好，雖然傷痕累累，但對他們來說，這些芝麻小傷和開路的危險簡直有如天壤之別，兩人滿懷著白手起家的喜悅。

他們把割下的芒草蓋成一間工作的草屋，但是草屋檔不住風雨，下雨天時外面下著大雨，裡面下著小雨，連想生火煮飯都不可能，挨餓是常有的事，有時他們也學原住民打些野味塡肚子。連續鋤了幾個星期的草，終

（接上頁）

由輕工業進入重工業，爾後邁入精密高科技工業。

於在山頂上，開出一塊土地，劉志高開始種些高麗菜和桃樹、梨樹和蘋果樹維持生計。蔬果成熟時，他們常常要走上幾十公里的山路，把高麗菜和水果送到山下去賣，日子過得十分清苦，但兩人已經感到一輩子從未有過的平靜、安穩。

偶爾，劉志高也把蔬菜拿到泰雅族部落，和他們換些小米、芋頭和獸肉，漸漸地也混熟了。一晃十多年過去，劉志高和老張已經都是近五十歲的老人，反攻大陸的希望渺茫，孤單寂寞的心情時時啃食著，劉志高打算把賣果樹存下的錢拿來娶親，他問了問老張：「我們等了大半輩子，什麼也沒等到，兩個人頭髮都白了，連個後代也沒有，我不想等了，想找個女人成家，你要不要在台灣成家？」老張惦念著家鄉的妻兒，總盼望有一天能回去，他說：「我走的時候，家裡的老婆當時懷了六

•國民黨政府到台灣後，宣布廢除曰式地名，改爲和大陸相關的地名，如中山、中正、漢口、長沙、博愛、三民、忠孝、仁愛、信義、和平等。眷村的名稱也以四維、八德、正氣、陸光、居易、金門、光復、精忠等爲名，與大陸或三民主義等脫不了關係。

個月的身孕，她哭得肝腸寸斷，要我一定要回去，我不想辜負她。」劉志高好說歹勸，但老張死也不肯再娶。劉志高透過部落的老人，找了泰雅族一戶窮苦人家的十八歲女兒，願意以十萬元爲代價出嫁。劉志高歡歡喜喜的辦了喜事，請了一桌的客人，終於有了相互依靠的伴侶，老張仍和他們同住，相互照顧著。

起先劉志高和泰雅族的妻子語言不通，兩人只能比手畫腳的溝通，常常是各講各話，還好也能相安無事。後來妻子懷孕，因爲山區沒醫生只好請接生婆到家裡接生，沒想到竟然遇上難產，生下的女兒臉色發青。夫妻倆人嚇呆了，急急將女兒送到山下醫院，醫生說：「生產過程拖太久了，孩子是個智障兒，沒辦法挽回。」老劉帶著年輕的妻子、智障的女兒回到山上過日子，幸虧山區教會的修女幫忙，智障的女兒平安的長大，劉志高憑著刻苦耐勞的堅毅精神，維持家計。

四十多年後，政府開放大陸探親，老張興高采烈的拿到探親申請，他立刻辦理手續回老家去，垂垂老矣的老張搭上飛機，換了幾趟車，走了好長的路，終於回到家鄉，目睹家鄉的景物全和兒時大不相同，老張感慨的流下淚來：「畢竟已經過了長長的四十多年哪！」老張打聽之下才知道，父母早已過世，流了產的妻子改嫁他人，已有兒有女，一切人事全非，重回家園的美夢成空。傷心的老張祭拜過祖墳，留下身上所有的財物給其他的親友，失望的回到台灣。多年來苦苦等待的一場團圓夢落空，老張終於認清了「台灣才是他的家呀！」

MOUSE.99.12

眷村生活

落腳在台灣的外省人，大多數從事軍公教的工作，為了安置這些人和他們的眷屬，政府建蓋了簡陋的竹排屋作為宿舍，稱為眷村，眷村生活不同於種田鄉居的本省人，但兩者仍存在著相互依賴的關係。

•依民國八十三年的統計，台灣的眷村曾經高達八百三十八個，眷村文化存在了四十年，以外省族群爲主，由從事軍、公、教人員的家庭組成社區。

眷村雖然以外省人爲主，但半數以上的婦人都是本省籍。這一群外省軍人隻身來台，剛開始抱著八年內可回大陸去的夢想，與本省人有語言、文化上的隔閡，很少接觸，但隨著反攻大陸希望渺茫，大多數都找了年輕的

（接下頁）

四維新村的一大清早，賣山東饅頭和燒餅、油條、豆漿的老吳，大著嗓門的吆喝著：「丫頭，包八份早點給對門的劉太太，記得別收錢哦！」天漸亮，眷村裡活動的人多了起來，老吳的生意也忙了起來，「老吳！給我來一份燒餅夾油條，豆漿大碗來一碗。」說話帶著濃厚四川腔的士官老竇，還是個光棍。「早哇！竇先生，今天這麼早，好久沒見到你啦！是不是又剛從外島回來？」「是啊！一回來就趕緊跑來光顧你老兄的生意啊！」「多謝大家的幫忙。」

劉太太是老吳的同鄉劉孝先的妻子，一起從大陸逃難來的，劉孝先常年外調各處很少在家，劉太太一個人獨力照顧七個孩子，從早忙到晚，老吳十分照顧劉太太。能幹的劉太太在院子裡養著各種雞，包括九斤雞、來亨雞和蘆花雞，也養了番鴨，還種了芭樂、木瓜、枇把等果樹。雞鴨是賣給鄰居或過節拜拜用的，果樹是讓孩子們解饞，有多餘就分送左鄰右舍。劉太太還幫鄰居的一些光棍老鄉代工洗衣服，有時也接一些鉤毛線帽、裝燈泡的零工貼補家用。「丫頭，劉媽媽做了一些泡菜，你順道帶回去，早餐的錢拿好別掉了。」丫頭急紅了臉說道：「老爹交代不許收錢，我回去會挨罵的。」兩人把錢推來推去，嗓門大得吵醒睡覺的娃娃，哇哇的哭著。

隔壁住的王大德和劉孝先是同袍，王太太是年輕的閩南人，從台中鄉下嫁來的，他們的結合是鬧了家庭革命的。王太太的父母堅決反對女兒嫁給從軍的外省人，王太太堅持自己的選擇，私奔來找王大德；所以他們的婚禮雙方都沒有長輩到場，只請了同一眷村的同袍好友，而劉太太自然成爲王太太的閨房好友。王太太生下

（接上頁）

本省婦女結婚，老夫少妻和外省爸本省媽的情況十分普遍。因爲眷村居民彼此背景相似，政府於是興建了軍公教的眷舍，使得這些外省族群自成一格，與本省人的農耕生活大不相同。

長子台生，做月子的事自然也是劉太太出的力，兩家人來往很親密，劉太太教王太太一些山東家鄉菜，王太太則幫忙照顧劉太太的孩子，不時也包些鹼粽、炒米粉回送。

料理完家事，劉太太一早上市場去，市場裡早已人聲鼎沸，賣肉、賣菜的小販都是操台語的閩南人、客家人居多，王太太熟稔的精挑細選，和他們討價還價，來來往往的買客則多是外省人，兩者有時語言南腔北調不太通，但是比手畫腳的肢體語言是最佳溝通方式，語言根本不是障礙。市場也有幾個外省攤子賣些家鄉口味的食物，例如山東大餅、四川辣椒、浙江臘味等。

眷村的巷子是孩子們的天堂，為首的孩子王通常是年齡較大的孩子。劉太太的大兒子大森吆喝著成群的孩子，玩起官兵抓強盜或是戰爭的遊戲，從街頭到巷尾都

•從事軍公教的外省人薪水低，政府另發給補給證，由政府依戶口數配額發給油、米、醬、醋、肥皂等生活用品，每月一次或二次由村里辦公室統一發給。

•民國三十九年六月韓戰爆發，美總統杜魯門立即派艦隊協防台灣，後來成立美軍顧問團，恢復供應二次大戰時的援助，當時每年大約投注一億多美元。各種西式教堂常有奶粉、麵粉發放，而當時的大街小巷上，有許多

（接下頁）

是孩子的叫聲；有時玩捉迷藏，眷村最富特色的竹籬笆就是最佳的藏身處。每到星期六晚上，村裡的空地會播放電影，大都放些戰爭片，那是孩子和大人們最佳的娛樂，爆米花的小販也乘機來湊熱鬧，孩子們自備著一罐米和糖，交給爆米花的小販，他把糖和米放入機器裡，「砰！」的一聲，香噴噴的爆米花就出來了。大家有得吃又有得看，皆大歡喜。然而頑皮、不規矩的男孩在螢幕前亂碰亂叫，因此被大人用竹竿打回家也是很稀鬆平常的。

「走吧！到村外橋邊去玩水。」年齡大的孩子對村外的世界，總是充滿了好奇和興趣。「不行啦！被老媽逮到我們又到溪邊去玩，又免不了是一頓竹筍炒肉絲，何況那些『小台客』老是拿石頭丟我們。」「你怕就別去，我可一點也不怕。」天奇帶著其他的眷村孩子自成

（接上頁）

小孩都穿著用美援麵粉袋縫製的內衣褲，上面畫著中、美兩國國旗及兩隻相握的手。

美軍大兵駐紮台灣各重要軍區，設有美軍電台、美軍酒吧和住家。美援一直到民國五十四年才中止，共提供了十五億美元的經濟援助，對當時困窘的台灣經濟功不可沒。

一群，往溪邊走去，果然碰上一群客家孩子，雙方用著對方聽不懂的家鄉話互罵著。雖然他們是同讀一個小學，但是私下絕不玩在一起，吵架甚至打群架也是常有的事。

客家孩子在自家田邊堆土焢窯烤地瓜，而外省孩子在一旁聞香忍不住流口水，身手矯健的天奇拿起彈弓打麻雀，學著烤鳥吃，而其他孩子有的捉泥鰍、有的撈蝦蟹，胡亂的烤熟爭著解饞，大森找來竹竿釣起水蛙，剝皮剖肚後當場烤蛙肉，香噴噴的味道連野狗都吸引來了。大森臨走不忘多撈些泥鰍、浮萍回家餵鴨，免掉一頓打。星期日，大森和妹妹們準時上天主堂做禮拜，對媽媽來說這可是一星期的大事，儀式結束後總能領到牛油、奶粉和玉米粉，帶回家做些可口的食物，而麵粉袋經過巧手縫縫補補，就是一套衣褲。大森即使百般不願意在教堂枯坐一早上，但一想起媽媽的鞭子，只得忍著聽外國牧師滿口洋涇浜的國語。好不容易做完禮拜，大森飛也似地趕著排隊領東西，然後一溜煙的找同伴去了。

「天奇的媽正逼著他唸書呢！他脫不了身，他媽要他考高中，將來當個大學生好威風呢！」「可憐的天奇，我才不受罪，我要和我老爸一樣讀軍校，將來當個軍人。走吧！當兵得先把身體練好，我們打籃球去。」大森同情的說著，這時一旁的小明一本正經的唱起：「哥哥爸爸眞偉大，名譽照我家，爲國去打仗，當兵笑哈哈，走吧！走吧！……」大夥兒哈哈大笑，也跟著一起大聲的唱了起來。

一年到了盡頭，家家戶戶忙著準備過年，劉太太忙進忙出張羅年菜，一個月前，就開始醃臘肉、灌香腸，大森把領來的糧票拿到商店換成糯米，扛到磨米場去磨，磨成的糯米漿裝在麵粉袋裡，在上頭壓著大石塊，一夜後，糯米糰就可以蒸年糕了，這時眷村處處瀰漫著年糕香和臘味。過年祭祖用的雞鴨，家家戶戶自己殺，殺雞鴨是大森的任務，他熟練的割斷雞鴨的氣管，讓血流進大碗，然後把兩個翅膀交叉斜放到背後。才斷氣的雞鴨四肢亂顫，有時還不斷繞圈子的跑著，嚇得妹妹們哇哇大叫。

劉太太總會抽空到村裡黃太太的家庭美髮店燙個頭髮，女孩子們都愛跟著去，人人剪個整整齊齊的短髮，這種機會一年才一次，平常都是劉太太自己動的刀。大森的頭平常也是媽媽修理的，不過今天例外，媽媽拿了錢要大森去理髮，大森早計畫妥當，到天奇家找他爸爸的電動剃鬍刀「嚕一嚕」，錢就可省下來買鞭炮玩。當大家都漂漂亮亮的出現在晚飯桌上，劉太太的大嗓門尖喊：「大森，你的頭怎麼搞的，像是被狗啃過的，難看死了！」大森毫不在意的大口吃著用麵粉刮成小團的麵疙瘩，不理會妹妹們的竊笑。

除夕夜裡，鞭炮聲一晚沒停過，大森興奮的睡不著覺，心裡盤算著找同伴去放沖天炮，好不容易挨到天亮，媽媽一早就在廚房忙著包餃子，還準備了幾個零錢包了進去。媽媽說：「吃到元寶表示『來年財源滾滾，大吉大利』，大家多吃幾個，今年才有好福氣。」吃過早飯，媽媽換上大紅的旗袍和一雙繡花鞋，妹妹們穿著同一色的棉襖，一家人到村辦公室參加新春團拜。

眷村不分男女老少，大家聚在大廳上，一團喜氣地互道恭喜，大森趁著媽媽不注意溜了出去，門口早圍了一大群孩子，玩彈珠的、玩小炮的都有。吃過中飯，幾乎每家都會擺上麻將桌，單身沒家眷的總不會被遺忘，大夥兒湊成一桌，「東南西北」的廝殺起來，太太們有時加入牌局，有時張羅吃喝的食物，有的人不愛打牌，會拉拉二弦唱起平劇的段子，略略撫慰思鄉的心情。孩子們拿了碗聚在一處玩起丟骰子。新年這一天，吃喝都沒管制，也不能打罵孩子，是大森最樂的一天。

剛開始，眷村的單身軍人比比皆是，大家都以爲暫時窩在台灣，很快就能反攻大陸，但是十多年下來，老是當光棍的人，終於積極的想脫離老芋伯的行列。老竇靠王太太的介紹，和一個附近客家庄的女孩相親，起先對方的父母不願意，但是老竇慇懃的走動，終於打動女孩，她的父母聽媒人說：「外省人很疼老婆」，終於點頭答應了婚事。按照客家規矩，先提親、文定，請女方親友吃酒席，最後在眷村擺酒席請了老竇的好友、鄰人，女方的至親好友也全到齊，雙方南腔北調加上比手畫腳，一場喜宴辦得熱熱鬧鬧，賓主盡歡。

漸漸地，眷村的竹籬笆拆掉換成了紅磚牆，瓦房翻成水泥房，但是眷村的人情沒多大的改變，倒是住進來的本省女主人越來越多。孩子們長大了，讀軍校的常年寄宿學校，能讀書的孩子考上大學，鄰居一定都會送一串鞭炮慶賀，每到聯考放榜的日子，幾家考上的家庭鞭炮聲此起彼落，好不熱鬧。若是碰上選舉日子，村長一早就到各處拜託大家投票，左鄰右舍相約去村里活動中心，投票率往往高達百分之九十以上，他們把投票當成愛國的象徵，誰也不願落人後。

眷村存在了四、五十年，目前老舊的平房大都改建成公寓或大樓，眷村生活的面貌也逐漸消逝，融入現代化的腳步裡。

外籍人士

早期到台灣的荷蘭人和西班牙人，以剝削、壓榨為目的，但隨之而來的西方傳教人士，卻對台灣的宗教、醫學和教育產生深遠的影響。近年來，台灣社會逐漸富裕，來台求職工作的外籍人士遽增，尤其是亞洲較貧窮國家的人力輸入及外籍新娘，多多少少也衝擊著台灣的社會。

• 西元一六二四年荷蘭人進入台灣，一開始由傳教士宣揚基督教義，而北部的西班牙人則宣揚天主教。清朝時，歐洲各國家的傳教士到台灣傳教稍有中斷，直到一八五八年，天主教傳教士開始在南部高雄、屏東一帶傳教。而眞正有組織的，是一八七一年在北部傳教、行醫的加拿大籍馬偕博士，他並且開辦西式學堂，成爲北台灣現代文明啓蒙者。南部則以英籍的甘爲霖牧師最有

（接下頁）

西元一八九五年，也就是日本統治台灣的半年後，英國籍的蘭大衛醫生到達台南，教會的朋友帶他去參觀新完工的「新樓醫院」。這座醫院是台南最具規模的醫院，但沒有開刀房、藥品缺乏，只有一些黃、紅藥水，瘧疾病患到處人滿爲患，醫院又沒有護士，所以由病患的家屬充任看護。地板被當成床板，到處雜亂無章且髒亂不堪，蘭醫生巡看過一遍後並沒嚇跑，反而堅定的表示：「我願意留下來。」

不懂閩南話的蘭醫生請了一位秀才來教他，他一邊學習閩南話，一邊到鄉下或進入深山醫療。早期台灣的人民生活貧困，住的房子大都是竹子或稻草混和土塊蓋的，通風和採光很差，且豬舍靠近房屋臭氣沖天，家庭污水滿地都是，蚊蟲孳生，病毒、瘴氣叢生，加上日軍帶進霍亂病毒，感染的人處處皆是。蘭醫生每天看病工

（接上頁）

名，他在南台灣工作長達四十六年，從事宣教、普及醫療及以羅馬拼音寫成了台語版聖經，影響頗爲深遠。爾後李庥、巴克禮、馬雅各等宣教士歷險全島各地，後繼的加籍蘭大衛、戴仁壽，美籍的甘惠恕等，都從事醫療、慈善事業，尤其是台灣山區原住民部落，更是一村一外籍神父、牧師，這些人對台灣的宗教、醫療、學術、社會都有重大影響。

作十多個鐘頭，不幸也感染了霍亂幾乎病死，還好有朋友悉心照顧才痊癒。後來他全力研究霍亂的病因，經由印度盧醫生的協助，查出霍亂是由蚊子傳染的，蘭醫生到處宣導大家撲滅會傳染疾病的蚊蠅，還經常自掏腰包買消毒藥水，爲民衆清潔環境。

蘭醫生來台灣十個月就學會了閩南語，他決定到沒有醫療機構的彰化，展開醫療和傳道工作。他和同來的梅監霧牧師相偕出發，兩人走了六天終於抵達彰化。當他們走進彰化街道時，群衆競相爭睹這兩個紅頭髮、藍眼睛的「紅毛番」，有一些老人家還坐轎子趕來湊熱鬧呢！蘭醫生在西門街租了兩間房給人看病，但是沒半個人上門。

當時的人生病都是到廟裡向神明乞求香灰來吃，要不然就找些民間流傳的土方到中藥店抓藥吃，即使有外

傷、扭腫也是一樣，根本搞不懂西醫是什麼，也不相信。上門來看熱鬧的人不少，但看病的人一個也沒有。後來終於有教會的教友來看病，蘭醫生也到街頭悉心照顧一些病倒路邊的人，因而漸漸得到好評。

第二年，開始有病患主動找上門，蘭醫生一個人負責所有的醫務，他不但幫病人開刀，也照顧手術後的病人，從來沒離開過醫療所一步。巡視病床遇上病重的人時，蘭醫生甚至整夜坐在病人身邊充當看護，他的醫德聲名遠播，病人口耳相傳，漸漸來求醫看病的人每天多達三、四百人。

蘭醫生一個人忙不過來，本想回國找些助手來幫忙，想法一轉：「何不利用這個機會訓練台灣人，學習西醫的知識和技術呢！」他找來五個學生，白天協助護理工作，晚上就教導醫學、生理學和解剖學等專業知識。蘭醫生一天忙到晚，繁重緊湊的時間表讓他體力透支，常常在解剖猴子或上課時不知不覺的睡著了，五個學生看他認真的教學，恨不得趕緊學成，幫老師分憂解勞。蘭醫生在來台第五年，不堪身體勞累回英國休養，把醫療所交付給五個學生負責。

英國教會想改派蘭醫生到其他地區服務，但遭到拒絕，他說：「我不去救他們，還有誰會去?那兒沒有醫生，許多人會死掉！」蘭醫生毅然地又回到台灣。

回彰化那一天，街頭夾道歡迎的人擠得水洩不通，有些病人知道蘭醫生回來，特地趕來看病，蘭醫生又投入沒天沒日的工作中。雖然深受愛戴，蘭醫生的內心卻很寂寞，生活雜務無人打理，醫學疑問無人討論，又過了十多年的單身生活，終於認識同是英國籍的連瑪玉女士，願意嫁給他和他共同生活。

剛開始，蘭夫人對醫院的生活很不習慣，看著各種血淋淋的手術和斷肢、殘屍，害怕極了，但是被丈夫認真辛勤的工作精神感動，開始從事護理工作，從此照顧產婦和嬰兒的重擔落在她身上，而她毫無怨言地接下這個重擔，夫妻兩人並肩救人。

一次世界大戰爆發後，蘭醫生不得已回國，戰爭一結束又回到彰化。這個時期，台灣天氣酷熱，很多台灣人病了，蘭醫生找來兩位台灣醫學校的醫生幫忙，並著手訓練一批新的學生。第二年，加拿大籍的烈以利護士主動到醫院幫忙，同時訓練三名護士，漸漸地，醫院也成立了護理訓練班，培養不少台灣的護理人才。七年後，蘭醫生利用回英國休假期間，到愛丁堡大學攻讀博士，兩年後拿到學位立刻回到台灣。

有一天，一個住在彰化伸港一帶的小男孩，出門時

•西元一八六〇年代之後，台灣開放安平、打狗（高雄）、淡水、雞籠（基隆）等地的商港給外商做生意，英屬香港的怡和洋行等開始從事台灣貿易。這些外國商館不懂本地語言，所以買進、賣出全靠精通當地事務的「買辦」經手。
輸入台灣的產品有鴉片、棉織品、麵粉、鉛塊、火柴、藥品和英製襯衫；由台灣運出的東西有稻米、樟腦、茶葉、砂糖、煤炭、木材和硫

（接下頁）

摔傷了膝蓋，家人也不太注意，沒想到走路上學了幾天後，傷口卻漸漸浮腫、化膿，隱隱作痛，貧窮的父母隨便用髮油和藥草塗傷口。過了幾天傷口惡化，家人居然跑去廟裡求神問卦，找道士來家中施法驅魔，發炎、腫痛更加嚴重，拖延數日，家人想不出辦法只好背著他去求醫，經過路人指引找到蘭醫館時，小男孩的腳已經快爛掉了。

不巧蘭醫生因事到中國山東，但手術必須馬上進行，另一位醫生同兩位助手立即進行割除舊肉芽的手術。經過三個月的照顧，病人暫時脫離險境，但是傷口實在太大，很難長出新皮膚，這樣很容易遭到細菌感染，甚至可能併發骨膜炎，導致一輩子殘廢。蘭醫生回國後得知其嚴重性，翻遍醫學典籍，終於在一本藥典中找到移植皮膚手術的記載，但沒有臨床經驗，也沒把握

（接上頁）
礦等。
外國洋行獨占進出口貿易，甚至控制了生產物的價格，獲利很大，因此曾經多達二十多家。日本殖民時代，日本財閥取代了外國商館，洋行大幅減少，怡和和德記等洋行至今在台北市仍繼續經營，只是昔日的盛況不再。

能成功，蘭醫生不忍眼睜睜的看著小男孩病死，決定冒險一試。

不過小男孩的身體太羸弱了，不能割下他的皮膚移植，但是除了他之外還能割誰的呢？蘭夫人知道後，也不願意小男孩葬送一生，堅定的表示：「割下我的皮來救救他吧！」

蘭醫生割下了妻子腿上的一塊皮，縫在小男孩的傷口上。當時蘭醫生並不知道移植他人的皮膚無法成功，但手術雖然失敗，這件事傳開後，蘭醫生和夫人爲病人割股療傷的醫德便傳爲美談。

蘭醫生來台整整四十年，已是六十五歲的老人，西元一九三六年當他退休準備回國時，聞訊趕來送行的人超過千人之多，車站人山人海、擠得水洩不通，大家目送蘭醫生離去，不少人紅了眼眶落下淚。蘭醫生在台行

醫四十年，救治不少人，資助貧困人家，更造就許多醫護人才，台灣早期的西醫師，如顏振聲、高再傳、劉振昌、吳希揚、潘阿敦等名醫，都是蘭醫生的學生。蘭醫生的大兒子蘭大弼，十六年後繼承父業，也到台灣的彰化基督教醫院，繼續爲台灣人服務，直到一九八〇年退休。

和蘭大衛醫生一樣，在台灣偏僻的角落和山區，有許許多多來自不同國家的外籍人士，尤其是歐美國家的神父、傳道人、牧師或修女，一手傳教一手醫療，也有許多外籍人士從事弱勢團體的慈善和服務工作。各個偏遠的原住民部落都有傳道人進山服務，照顧貧困家庭，和幫助原住民適應現代化的問題。

台灣早期的外籍人士爲數雖不多，但曾經留下的影響極其深遠，一些西方探險家爲台灣早期留下珍貴的人

類學、自然科學及環境的史實資料，讓我們從中得知前人披荊斬棘的努力和辛酸，了解這一塊生長地過去的歷史。近年來，台灣的社會發展迅速，逐漸脫離了貧窮走向富裕，來台灣的外籍人士，由服務性轉爲賺錢爲目的的工作者，除了少數以個人爲主的歐美商人外，還有以多數且集體形式，主要是來自亞洲國家的勞工。其中由東南亞輸入的外勞，有泰國、菲律賓、馬來西亞和印尼等地，還有來自中國的勞工，他們大多數從事艱辛的道路或大規模建設的工程工作，危險辛苦的捕魚海運作業，單調乏味的工廠生產線和家庭服務的僕役工作，成爲台灣最基層的勞力。

這些外勞的語言、宗教和文化自成一格，每個人只能短暫待在台灣二到三年，再加上生活空間受限，社交生活極爲貧乏，不免產生一些社會問題。

另外一群嫁到台灣的亞洲女性，包括了來自越南、泰國、菲律賓和印尼等地的新娘，她們離鄉背井遠嫁台灣，對台灣的風俗習慣一知半解，語言又無法溝通，要融入台灣的社會生活，亟需協助。

林林總總的外籍人士在台灣總人口數比率雖少，但他們留下的貢獻和影響絕對不小。

台灣風土系列❽

住民的故事

2000年8月初版
2011年10月初版第六刷

有著作權・翻印必究
Printed in Taiwan.

定價：新臺幣單冊180元
新臺幣一套10冊1800元

審　　訂　施志汶
著　　者　馬筱鳳
發 行 人　林載爵

出版者　聯經出版事業股份有限公司
地址　台北市基隆路一段180號4樓
台北忠孝門市　台北市忠孝東路四段561號1樓
電話　(02)27683708
台北新生門市　台北市新生南路三段94號
電話　(02)23620308
台中分公司　台中市健行路321號
暨門市電話　(04)22371234 ext.5
郵政劃撥帳戶第0100559-3號
郵撥電話　27683708
印刷者　世和印製企業有限公司
總經銷　聯合發行股份有限公司
發行所　台北縣新店市寶橋路235巷6弄6號2F
電話　(02)29178022

責任編輯　黃惠鈴
封面設計　劉茂添

行政院新聞局出版事業登記證局版臺業字第0130號

本書如有缺頁，破損，倒裝請寄回聯經忠孝門市更換。　ISBN 978-957-08-2112-3 (平裝)
聯經網址 http://www.linkingbooks.com.tw
電子信箱 e-mail:linking@udngroup.com

國家圖書館出版品預行編目資料

住民的故事 / 馬筱鳳著 . --初版 .
--臺北市：聯經，2000年
192面；14.8×21公分 . (台灣風土系列；8)
ISBN　978-957-08-2112-3(平裝)
〔2011年10月初版第六刷〕

1.台灣原住民-青少年文學
2.台灣-歷史-青少年文學

673.2　　89010232

親子系列

●本書目定價若有調整，以再版新書版權頁上之定價爲準●

教養子女妙招118	桂文亞主編	180
關心我們的孩子	唐媽媽著	100
親子數學	馬文璧・ 文庭澍譯	380
親子妙法50招	施美惠著	120
陪孩子上幼稚園	何采嬪著	150
陪孩子上小學	曾文錄等著	200
陪孩子上國中	康雪卿著	200
老爸日記	王天戈著	180
晚安故事365（二冊不分售）	鄭明進等著	500
陪孩子快樂成長	吳京口述 楊蕙菁整理	160
親子XYZ	邢維禮著	250
女生來做數學	梁崇惠、 楊翠勤合譯	200
親師交流道	聯合報家庭 婦女版輯	200
101個數學問題	梁崇惠、 楊翠勤合譯	200
親子ABC	吳湘文著	350
親子作文	林月娥著	350
學習型家庭	韋淑娟著	180

校園檔案

●本書目定價若有調整，以再版新書版權頁上之定價爲準●

夫子列傳	單小琳著	130
老師家長聯合出招	單小琳主編	150
一個老師的真心話	單小琳著	150
大專女生上成功嶺	張麗君等著	180
常態編班怎麼辦	吳京、單小琳等著	170
老師家長別生氣	單小琳主編	150
如何指導孩子撰寫專題報告	鄧運林主編	160
嬌嬌兒入學	蘇月英著	120
班級經營有一套	林月娥著	160
日本小學教育	洪伯昌譯	250
遊戲學習：大地遊戲DIY	吳望如著	160
如何考上國小老師	單小琳、黃琴文編著	230

聯副文叢系列

●本書目定價若有調整，以再版新書版權頁上之定價為準●

(1)鹽田兒女	蔡素芬著	180
(2)邊陲的燈火	楊蔚齡著	180
(3)散文的創造(上)	瘂弦主編	150
(4)散文的創造(下)	瘂弦主編	150
(5)飛翔之光——聯合報文學獎1994卷	瘂弦主編	250
(6)人生是一條不歸路	王邦雄著	170
(7)紅顏男子	李岳華著	150
(8)天下第一村幹事	陳介山著	120
(9)未來世界	王小波著	140
(10)讓高牆倒下吧	李家同著	170
(11)新極短篇——全民寫作(一)	陳義芝主編	180
(12)我寫故我在——聯合報文學獎一九九五卷	瘂弦主編	250
(13)陳瑞獻寓言	陳瑞獻著	130
(14)膜	紀大偉著	180
(15)每個人都有大智慧	趙衛民編	160
(16)站在巨人肩上	瘂弦、陳義芝編	220
(17)扶桑	瘂弦主編	200
(18)真女人紀事	陳義芝、黃秀慧編	150
(19)新極短篇——全民寫作(二)	黃秀慧主編	180
(20)美麗新世界——聯合報文學獎一九九六卷	瘂弦主編	250
(21)雙身	董啟章著	200
(22)眾神的花園	瘂弦主編	380
(23)大漠魂	郭雪波著	150
(24)人生散步	瘂弦主編	140
(25)向時間下戰帖——聯合報文學獎一九九七卷	陳義芝編	250
(26)陌生人	李家同著	170
(27)橄欖樹	蔡素芬著	180
(28)閱讀之旅（上卷）	陳義芝編	200
(29)閱讀之旅（下卷）	陳義芝編	200
(30)智慧100	聖嚴法師著	200
(31)人與海：台灣海洋環境	賈福相著	240
(32)迴旋	張讓著	250
(33)默	杜修蘭著	180
(34)沉雪	李晶、李盈著	200

(35)台灣現代小說史綜論	陳義芝主編	480
(36)華年放異采——聯合報文學獎一九九八卷	陳義芝主編	250
(37)一個人的聖經	高行健著	280
(38)看海的人	賈福相著	250
(39)台灣文學經典研討會論文集	陳義芝編	420
(40)惡寒：第廿屆聯合報文學獎中篇小說評審獎	張惠菁著	220
(41)金色海灘：第廿屆聯合報文學獎中篇小說評審獎	樊小玉著	180
(42)新的寫作時代——聯合報文學獎一九九九卷	陳義芝編	250
(43)消失的海岸	孫寶年編	250
(44)二十世紀文學紀事	鄭樹森編著	280

當代名家系列

白水湖春夢	蕭麗紅著	280
千江有水千江月(長篇小說)	蕭麗紅著	280
不歸路(中篇小說)	廖輝英著	220
殺夫(中篇小說)	李　昂著	200
桂花巷(長篇小說)	蕭麗紅著	280
法網邊緣	黃喬生譯	380
狂戀大提琴	利莎等譯	350
海灘	楊威譯	350
台北車站	蔡素芬著	180
回首碧雪情	潘寧東著	250
臥虎藏龍	薛興國改寫	180

保健叢書

●本書目定價若有調整，以再版新書版權頁上之定價爲準●

(1)就醫經驗談(一)	李師鄭編	180
(3)就醫經驗談(二)	李師鄭編	180
(4)寶寶發燒怎麼辦	王英明著	180
(6)診療室雜記	王英明著	200
(7)寶寶生病怎麼辦(一)	王英明著	180
(8)百病經驗談	李師鄭編	200
(9)男女之間(一)	穆基編著	100
(10)男女之間(二)	穆基編著	150
(11)男女之間(三)	穆基編著	150
(12)男女之間(四)	穆基編著	150
(13)皮膚與美容	黃美月著	180
(15)百病訪名醫(一)	民生報醫藥新聞組編	250
(16)百病訪名醫(二)	民生報醫藥新聞組編	250
(17)認識醫療檢驗	劉麗芳著	180
(19)常見的耳鼻喉疾病	張肇雄著	150
(20)正確的病理按摩	吳長新著	150
(21)中國傳統保健法	吳長新、涂淑芳著	150
(23)刮痧養生保健法	吳長新、涂淑芳著	200
(24)刮痧拔罐健康法	吳長新著	280
(25)現代育兒經	林靜靜著	150
(26)三秒鐘健康人	林靜靜著	150
(27)小毛病自己看	林靜靜著	180
(28)寶寶生病怎麼辦(二)	王英明著	180
(29)女性生理衛生剖析	師明哲著	200
(30)一分鐘自然療法：21世紀健康指南	顏文松譯	180
(31)養生百忌	姚香雄著	180
(33)向病魔挑戰	李淑娟主編	130
(34)名人談保健	李淑娟主編	150
(35)體重控制食譜	行政院衛生署編著	220
(36)性字路上五十年	江萬煊著	150
(37)皮膚治療與保健	全鳴鐸著	250
(38)抗癌之道：認識癌症	繆國光著	250

(40)別怕膽固醇	蘇大成、 陳珮蓉等著	180
(41)全方位孕婦保健手冊	周輝政等著	200
(42)抗癌之道：面對癌症	繆國光著	220
(43)日常病痛的穴位自療	曾啟權著	150
(44)更年期婦女保健手冊	周輝政等著	180
(45)背痛不再來	錢基蓮譯	180
(46)從生活中自測疾病（1）	何權峰著	180
(47)新好父母：養兒保健實用手冊	陳偉德著	180
(48)保護胎兒健康：產前檢查知多少？	鄭博仁著	200
(49)抗癌三十八年	吳尚庚著	200
(50)子宮內膜異位症之防治	李奇龍著	180
(51)中國養生寶典	吳長新著	150
(52)生個健康的寶寶：遺傳與優生	鄭博仁著	180
(53)常見病調理要訣	姚香雄著	150
(54)從生活中自測疾病（2）	何權峰著	180
(55)不孕症及其治療	賴朝宏著	180
(56)化妝品的真相	張麗卿著	180
(57)走出頭痛的陰影	朱迺欣著	150
(58)膽固醇與健康：強心的秘訣	蘇大成著	180
(59)如何改善你的視力	黃介宏譯	180
(60)糖尿病飲食「都會通」	楊美瑩著	160
(61)八周完全健康術	李靜芝譯	250
(62)做個健美的女人	刁筱華譯	250
(63)健康妙法（一）	陳建宇主編	160
(64)健康妙法（二）	陳建宇主編	160
(65)台灣常用食物療效180種	鄭振鴻著	380
(66)自己做保健：物理治療運動圖解	卓瓊鈺著	160
(67)眼科常見疾病	林嘉理等著	200
(68)病榻經（一）	陳建宇主編	160
(69)病榻經（二）	陳建宇主編	160
(70)李秋涼養生菜餚	李秋涼著	280
(71)台灣十大死因與防治	陳建宇主編	250
(72)不孕治療之最新趨勢	李奇龍著	250
(73)塑身減肥IQ	曾啟權著	180
(74)認識穴位	吳長新著	180
(75)防癌與抗癌人的飲食	蘇昌信著	180
(76)氣功革命：郭林新氣功保健功法	袁時和著	250
(77)健康妙法（三）：秘方與專業的對話	陳建宇主編	200
(78)肝炎之診斷及治療	羅錦河著	200
(79)老人居家看護	賈淑麗等著	200
(80)營養師上菜	張正莉著	300
(81)伴你成長：日常生活的心理問題	吳靜美著	180